北京文博

文　丛
二〇二二年第二辑

北京市文物局　编

北京燕山出版社
BEIJING YANSHAN PRESS

图书在版编目（CIP）数据

北京文博文丛. 2022. 第2辑 / 北京市文物局编. ――

北京：北京燕山出版社, 2022.12

ISBN 978-7-5402-6750-6

Ⅰ.①北… Ⅱ.①北… Ⅲ.①文物工作－北京－文集

②博物馆－工作－北京－文集 Ⅳ.①G269.271-53

中国版本图书馆CIP数据核字(2022)第215651号

北京文博文丛·2022·第2辑

出版发行：北京燕山出版社有限公司

社　　　址：北京市丰台区东铁匠营苇子坑138号C座　　100079

责任编辑：郭　悦　梁　萌

版式设计：肖　晓

印　　　刷：北京兰星球彩色印刷有限公司

开　　　本：787mm×1092mm　1/16

印　　　张：7

字　　　数：181千字

版　　　次：2022年12月第1版

印　　　次：2022年12月第1次印刷

ISBN 978-7-5402-6750-6

定　　　价：48.00元

北京文博

2022年第2辑（总108期）

主办单位：北京市文物局

编辑出版：《北京文博》编辑部

北京燕山出版社

网址：http://wwj.beijing.gov.cn

邮箱：bjwb1995@126.com

目录 | Contents ||||||||||||||||||||||||||||||||||||||||||||||||||||

声 明

　　本刊已许可中国知网以数字化方式复制、汇编、发行、信息网络传播本刊全文。本刊支付的稿酬已包含中国知网著作权使用费，所有署名作者向本刊提交文章发表之行为视为同意上述声明。如有异议，请在投稿时说明，本刊将按作者说明处理。

Beijing Cultural Relics and Museums

No. 2, 2022

Organizer: Beijing Municipal Administration Bureau of Cultural Heritage

Edited and Published by the Editorial Department of Beijing Wen Bo, Beijing Yanshan Press

URL:http://wwj.beijing.gov.cn

E-mail: bjwb1995@126.com

目录 | Contents ||||||||||||||||||||||||||||||||||||||||||||||||||||||||||||||||||||||||||||||||||||

金代云门宗传入燕京历史考述

宣立品

就历史经验来看，无论儒释道等各家宗派或学说有多精湛，抑或是传承之人学问道法有多高深，其核心宗旨如果不能得到当政者的认可甚或庇佑，都很难有深远影响或长足发展。金代云门宗传入燕京，并在金元两代与临济、曹洞呈"三足鼎立"之势，其重要一点便与云门宗曾受命皇室、守护有"皇权正统"象征意义的优填王旃檀瑞像有关，而云门宗在北方有祖庭地位的大圣安寺的建立，便是优填王旃檀瑞像由汴京迎请至燕京供奉的原因。佛觉、晦堂两位禅师，从旃檀瑞像进入燕京创建大圣安寺供奉十二年，到护持旃檀瑞像至上京大储庆寺供奉二十年，金朝迁都燕京后再次护持旃檀瑞像回京，相继守护了旃檀瑞像达三十二年之久，并分别被敕封为"佛觉佑国"大师和"佛智护国"大师，得到了国主无上的礼遇，乃至福泽禅宗云门一脉绵延了金元两代。

一、金代云门宗传入燕京的时间和因缘

北京，辽金时期称燕京。在北京成为国都之后的金元时期，禅宗作为佛教重要一脉在北京地区的发展发挥了举足轻重的作用。后世有"临天下、曹一角"之说，形容禅宗各派后来的发展态势，殊不知，云门宗于式微前，在金元时期北京地区也曾有过辉煌的历史。云门宗于金代传入燕京，传入时间与金元两代北方云门宗的奠基者佛觉禅师携锡燕京弘法的时间有关，史料中有两种说法：一为金天会初传入；二为金天会中传入。

据元《银山宝岩禅寺上下院修殿堂记》记载："大圣安西岩宗师和公遣侍者致辞于余曰：'云门之宗，因佛觉而盛。方其道之行也，四方名刹，亐师主焉者相踵。师或诺或拒，皆有道在焉。京之北有山曰银山，寺曰宝岩。实亡辽寿昌间满公禅师之开创，通理、通圆、寂照三师继席之道场也。金天会初，佛觉徇缘始居之。故历代相仍。'"①这是"云门宗金天会初传入燕京"之说最早的记载。

另据《元一统志》中"大圣安寺记"记载："寺记。金天会中，佛觉大师琼公、晦堂大师俊公，自南应化而北，道誉日尊，学徒万指。帝后出金钱数万为营缮费，成大法席。皇统初，赐名大延圣寺。"②这是"云门宗金天会中传入燕京"之说最早的记载，《(永乐)顺天府志》《(光绪)顺天府志》等亦因循此说。

《银山宝岩禅寺上下院修殿堂记》碑石刻立于元至元二年（1265），《元一统志》则是元世祖于至元二十三年(1286)诏令编修，至大德七年（1303）成书。因《元一统志》为搜集唐、宋、金、元旧志而成，故很难从两份史料的时间来判断哪种说法更为准确。

云门宗传入北京，源自佛觉禅师，上面两份史料已是明证。但若探寻云门宗传入燕京的时间，还需深入史料搜集考证，其中佛觉禅师的碑铭塔记等内容当是研究重点。

佛觉禅师的碑铭塔记是否有存世之作，目前学界还未发现。但据山西大同

下华严寺薄伽教藏殿内至元十年（1273）《西京大华严寺佛日圆照明公和尚碑铭并序》记载，"昔黄檗示灭，裴相诔其功；佛觉归真，蔡珪旌其德"，给出了重要的研究线索——蔡珪曾为佛觉撰写过碑文③。

蔡珪，祖籍真定，是金朝著名的文学家，与其父蔡松年不仅官居高位，且文采斐然、名冠金朝。后人对蔡珪评价很高，如金朝后期文学家赵秉文在《翰林学士承旨文献党公碑》中说："大定文章首推无可蔡公。"蔡珪的号为无可居士，其号亦能体现蔡珪与佛教的殊胜因缘。据存世金代石刻文献，如大定五年（1165）《马鞍山慧聚寺僧圆拱碑铭》、大定八年（1168）《石峰禅林寺碑记》、大定十四年（1174）《玉溪善兴寺碑记》、大定十六年（1176）《天宁万寿禅寺文慧禅师寿公塔铭》，皆为蔡珪所撰。其中《马鞍山慧聚寺僧圆拱碑铭》有"天会中……韩公它日过祐国寺，佛觉大禅师誉师之能"；《玉溪善兴寺碑记》中有"大圣安西堂善禅师，一方有大因缘，道俗之心，深所归向……无可居士从善师游久矣"；《天宁万寿禅寺文慧禅师寿公塔铭》中有"昔长芦夫禅师以无上密印付之慈觉老人，河朔之禅于是大兴。其后佛觉琼公居镇阳洪济，镇阳之学者皆祖之。慧空融公……继入洪济，从佛觉淘汰，知见者久之"，都能反映出撰文者无可居士蔡珪与云门宗有着密切的因缘④。文中所及"大圣安西堂善禅师"，"大圣安"即为云门佛觉、晦堂受金朝帝后恩宠，在燕京开堂演法的寺院，"善禅师"即为继席佛觉、晦堂、弘传云门之法、任三朝国师的圆通广善禅师。"长芦夫禅师以无上密印付之慈觉老人……"段，则点出了云门佛觉一系的法脉传承，"镇阳洪济"，即金朝之真定（今河北正定）洪济禅院。洪济禅院是佛觉的法脉之源，真定则是蔡珪的祖籍故里，故彼时因缘相续相接也是自然而然的事情。

佛觉禅师，亦号佛觉琼或洪济琼，佛觉海慧或佛觉海惠，谥曰佛觉佑国或佛觉祐国，见于不同文献的不同记载。其云门宗法脉传承来自于慈觉宗赜。慈觉宗赜为云门宗第七代尊宿，师承长芦应夫，其代表著述有《禅苑清规》《慈觉禅师语录》等，先后住持洺州普会禅院、真定府洪济禅院、真州长芦崇福禅院。《慈觉禅师语录》三卷，分别收录了慈觉禅师住持普会、洪济和长芦三寺期间的语录，其中住持洪济禅院时的语录分别由弟子普式和法琼记录，如《慈觉禅师语录》卷中记有"侍者法琼录"。另据现存河北正定兴隆寺内原真定洪济禅院所立《敕文札子》碑中记载，北宋大观二年（1108）时，真定府十方洪济禅院住持为"传法赐紫沙门法琼"⑤。元末樊从义《红螺山大明寺碑》也有"金大定间，世宗遣使请佛觉禅师于真定之洪济，以镇兹山，四方学者云集"⑥的记载，虽时间、人物记载有误——佛觉在金熙宗皇统五年（1145）时已经圆寂，完颜雍还未制定大定年号（1161—1189）以世宗身份登上历史舞台，但不碍佛觉琼即洪济法琼的佐证作用。

关于佛觉禅师的传记，史料中记载最详者见于《大明高僧传》中的《上京大储庆寺沙门释海慧传》：

"释海慧，金国人也。幼而英敏，学不由师。鲁诰竺坟，过目成诵。初游讲肆，如入龙宫，性相玄途，无不挟其英而捃其粹也。所以法喜禅悦，饫而饱餐，潜踪五台，刀耕火种，就岩缚屋，一榻萧然，如是者十有五稔。一日叹曰：'大丈夫当以众生为急，溺是胡为？'遂携锡燕都，遍历禅寺，随缘演化，七众云屯，于是声播寰宇，道布宸宫。金皇统三年六月，英悼太子创造大储庆寺于上京宫侧，告成，极世精巧，幻若天宫。慕师道价，降旨请为开山第一代，说法赐牒，普度境内童行有籍于官者百万为僧尼。次年，诏迎旃檀瑞像供养于寺之积庆阁。皇统五年，海慧入寂，火浴获舍利五色无算，光明彻于空表，异香弥旬。金主偕后、太子、亲王、百官设供五日，奉分五处建塔，谥曰佛觉佑国大师。次年正月，诏清慧禅师住持储庆，赐号佛智护国大师，命登国师座。特赐金缕僧伽梨衣并珍异瓶罐宝器，金主、后妃、太子顶礼双足，奉服法衣。其震丹国王致敬沙门，古所未若于是时也。"[7]

《大明高僧传》，书成于明万历四十五年（1617）。编者如惺在自序中谈到，前代高僧传止于宋初，以后无人续编。作者在涉猎史志文集中见到一些名僧的碑传，随喜录出，从南宋到明末共得若干人，题名《大明高僧传》，以备后来修史者采撷。书名"大明"乃指编撰的时代而言，并非为内容范围。因作者是"随喜录之，以备后之修史者采撷"，因而没有严肃加工整理，不免存在缺点，尤其不是全豹，不能算作代表某一时期的综合传记。虽然如此，但在本书中还是保存了一部分为他书所没有的传记，而且纂集三个朝代部分僧传在一起，对佛教史的研究仍有一定的参考价值。

传记中海慧即佛觉禅师，清慧即晦堂禅师。因海慧、清慧之名在他处鲜有提及，故这份史料多被人质疑或遗漏。而山西省大同市博物馆藏《大金普照禅寺浹公长老灵塔》塔铭却给出了清晰的答案："适闻海慧、清慧二大士提祖佛印，自南方来，振扬玄风于燕台之上，乃辞直师，径造会中。顶谒一见，师资冥契，投诚问道，积有晦朔。一日，诣其室，清慧师竖起拂子，云：'汝拟议，则丧身失命。'师于是豁然开悟，如桶底子脱。与之问答，如珠走盘，了无凝滞。遂密以宗印付师，复付一颂，有针芥相投一句亲之语。已而，二老师特奉诏住持会宁长庆禅寺，师亦参随诣彼。其清慧老人命师为侍首，朝夕谘参，温研不懈，尽得云门之宗旨也。久之，师欲遍谒诸方，以契同异，乃礼辞清慧老师……后届云中，参佛日显老。未几，命师为书记。室中相见，重蒙印可。遂令分座秉拂为众，欲嗣续曹洞之

宗风。师默自念，始于佛觉晦堂师处有所得，安敢负于初心哉！竟不受……是时，今上龙潜，知济南。晦堂专介驰书，嘱之曰：'知灵树果熟自香，傥不忘灵山付嘱，乃古今一时之遇也。'"[8]塔铭中清晰地表明了"海慧、清慧"即"佛觉、晦堂"，也明确旁证了《大明高僧传》关于佛觉禅师和晦堂禅师的记载，故这份传记可作为佛觉禅师和晦堂禅师相关研究的切入点。

然而，《上京大储庆寺沙门释海慧传》并未记载佛觉和晦堂携锡燕都遍历禅刹、随缘演化的具体时间，故金代云门宗传入燕京的确切时间，"金天会初"抑或是"金天会中"依然无法得到确指，还需要再一步深入剖析研讨。

佛觉琼公、晦堂俊公应化而北来到燕京，帝后出金钱数万为营缮费建造了寺庙，成就了佛觉、晦堂云门禅宗的大法席。此时"建寺安僧"的因缘背景是什么？这个问题有可能关乎云门宗传入燕京的时间确指。而回答这个问题，我们就要看向与之相关的一件重要的佛教文物——优填王旃檀瑞像。

优填王旃檀瑞像又称旃檀佛像、旃檀像、优填王造像，是释迦牟尼佛在世时，古印度憍赏弥国国王优填王命工匠用牛头旃檀雕造的一尊释迦牟尼佛像。旃檀瑞像约于东晋十六国时从龟兹传入我国内地，直到清朝末年一直在我国大江南北流转供奉。它的传入和传播是我国佛教史上的一件大事，千百年来在我国形成了经久不衰的崇奉热潮[9]。

据元朝大学士程钜夫所撰《旃檀瑞像记》记载，旃檀瑞像在"汴京一百七十六年"后"北至燕京，居今圣安寺十二年，又北至上京大储庆寺二十年，南还燕宫内殿居五十四年。大元丁丑岁三月燕宫火，尚书省舒穆噜公迎还圣安居五十九年"。这段记载是元仁宗延祐三年（1316），大都（今北京）大圣寿万安寺（今白塔寺）的旃檀瑞像殿建成，敕令集贤大学士李珩

与昭文馆大学士头陀太宗师溥光、大海云寺住持长老某、大庆寿寺住持长老智延、大原教寺住持讲主某、大崇恩福元寺住持讲主德谦、大圣寿万安寺住持都坛主德严、大普庆寺住持讲主某等，"翻究毗尼经典，讨论瑞像源流"，得出的结论。该结论经集贤大学士陈颢上奏，翰林承旨程钜夫奉诏撰文，此即程氏《雪楼集》中的《旃檀瑞像记》。按程氏文中所列流传时间倒推，瑞像系金天会九年（1131）由汴京北上至燕京。藏文大藏经《丹珠尔》中亦有《旃檀瑞像传入中国记》，译写为："天会九年，铁猪年（辛亥），移至北方，在中都之sui zhang si（经学者考证应译为瑞像寺，即圣安寺）停留十二年"，与程钜夫《旃檀瑞像记》"北至燕京，居今圣安寺十二年"相互印证⑩。

金天会三年（1125），辽国被金所灭。天会四年（1126）闰十一月金军攻破汴京，宋徽、钦二宗被俘，并于天会五年（1127）迁往金国燕京，而后迁中京等处。从大的历史背景来看，金朝兵破北宋汴京，是旃檀瑞像由汴京迎奉至燕京的重要因缘。元末明初史学家陶宗仪在《辍耕录》中称："旃檀佛，以灵异著闻海宇。王侯公相、士庶妇女，捐金庄严，以丐福利者，岁无虚日。故老相传云：其像四体无所倚着，人君有道，则至其国。"⑪从梁武帝开始，即有史料多方记载"优填王旃檀瑞像"一直为帝王供奉，是"人君有道"的重要显化，被作为"王朝正统"意义的标志来传承⑫。元释念常《佛祖历代通载》则记有："帝（元世祖）一日曰：旃檀瑞像，现世佛宝，当建大刹安奉，庶一切人俱得瞻礼。乃建大圣寿万安寺。"⑬亦是皇家对供奉旃檀瑞像态度的佐证。因此，金朝统治者在灭辽降宋之后，将旃檀瑞像由汴京迎请至燕京，帝后出金钱数万为营缮费建寺，并请高僧驻锡成大法席，这一切就显得自然而然了。

那么，金天会九年旃檀瑞像由汴京迎请至燕京，供奉在哪里呢？《旃檀瑞像记》写得很明确："北至燕京，居今圣安寺十二年。"元朝时所称的"圣安寺"，即金朝大定七年（1167）诏改寺额的"大圣安"，即皇统（1141—1149）初赐名的"大延圣寺"，亦即金天会（1123—1137）中佛觉大师琼公、晦堂大师俊公受帝后出金钱数万为营缮费之邀、成大法席的寺庙所在。迎请旃檀瑞像，在中国历朝历代皆为举国之盛事，且不论信仰与否，仅就刚刚灭了辽国，又降伏了北宋徽、钦二宗的金朝统治者而言，无疑是一件确认自己统治地位、宣告天下皇权正统的标志性事件，自然值得彼时当政者"出金钱数万为营缮费"、请"佛觉大师琼公、晦堂大师俊公""成大法席"，迎请旃檀瑞像入主金朝佛寺。修建寺庙非一日之功，对于刚刚经过战火洗礼、由辽转而成金统治的燕京而言，满目疮痍，因此，修建一座规模能够匹配旃檀瑞像的寺庙，更需要足够的钱财及时间。后来的大延圣寺在大定三年（1163）重建，至大定七年落成更额为大圣安寺，花了4年时间，便是例证。因此推论，大金国大概在金天会四年至五年（1126—1127）金国兵破汴京降北宋徽、钦二宗至燕京期间，拟定迎请旃檀瑞像来燕京事宜，选址修建寺院，并考量驻锡高僧人选。金天会五年至九年（1127—1131），用了大概约4—5年时间，修建起了寺院，并邀请了"自南应化而北，道誉日尊，学徒万指"的"佛觉大师琼公"和"晦堂大师俊公"驻锡寺庙，于天会九年完成了旃檀瑞像迎请、供奉、举办水陆法会等诸项事宜。金天会元年（1123）至天会十三年（1135）正月为太宗在位，因此，金天会五年至天会九年，"帝后出金钱数万为营缮费"的帝后，当指金太宗完颜晟及其皇后唐括氏。

佛觉禅师携锡燕京遍历禅刹的时间是否为金天会初年，不好定论，目前确指这一说法的史料仅见于《银山宝岩禅寺上下院修殿堂记》。但是佛觉禅师受帝后之邀、应缘旃檀瑞像之寺、得到官方认可而弘传云门之法是在金天会中期，故官方文献如《元一统志》《（永乐）顺天府志》《（光绪）顺天府志》等均按"云门宗金天会中传入燕京"之说记载是合情合理的，故笔者认为可将"云门宗金天会中传入燕京"作为定论沿用。

二、大圣安寺金代变迁隐含的历史信息

关于《元一统志》对大圣安寺金代变迁的记载，隐含着重要的历史信息，对我们更清晰地了解金代云门宗在燕京的传入和传播具有重要的参考意义，值得我们进一步深入探讨。

金天会中，佛觉琼公、晦堂俊公应化而北，帝后出金钱数万为营缮费、成大法席，迎请旃檀瑞像于敕建寺院供奉，皇统初赐名"大延圣寺"。在赐名之前，佛觉、晦堂成大法席之际，寺院最初的名称是什么，未见记载。

建寺安僧、迎请瑞像，这样重大的历史事件中，具有主角光环的寺院，一定是有着与之相匹配的名称的。然而所有的文献记载，只提到了"皇统初，赐名大延圣寺"和"以落成之（大定）七年二月，诏改寺之额为大圣安"。据出使金国并留居十五年之久的宋臣洪皓《松漠纪闻》记载："燕京兰若相望，大者三十有六，然皆律院，自南僧至，始立四禅，曰：太平、招提、竹林、瑞像。"⑭"自南僧至，始立四禅"，是重要的线索，"佛觉大师琼公、晦堂大师俊公，自南应化而北"，由此禅宗重要的一支云门宗在燕京开枝散叶，进而形成了金朝临济、曹洞、云门呈三足鼎立的态势。太平、招提、竹林皆有迹可循，唯"瑞像"之寺难觅其踪，我们是否可以推论，帝后出金钱数万为营缮费、佛觉琼公和晦堂俊公驻锡成大法席、旨在供奉旃檀瑞像的寺庙，就是洪皓笔下的"瑞像寺"呢？

关于旃檀瑞像的研究，目前已经得到一些学者的关注和研讨，其中蒋家华《中国佛教瑞像崇拜研究——古代造像艺术的宗教性阐释》一书尤其对"瑞像"体系的生成与演变进行了深入考证。目前能查到的文献中，中国古代最早提到"瑞像"一词的是南朝梁元帝萧绎（508—554）《与萧咨议等书》。从《增一阿含经》卷二十八的旃檀功德造像传说开始，直到5世纪初汉译的佛教经典《佛说观佛三昧海经》卷六中的造像具备肉身功能，完成了佛像从一般的功德造像向肉身、神异、超然的瑞像转化，象征瑞像的生成。对于瑞像的功能，正如《高僧法显传》卷一中佛陀对旃檀瑞像所说，"吾般泥洹后可为四部众作式式"一样，站在释迦的角度，僧徒演绎旃檀瑞像的目的是在释迦涅槃之后，以旃檀瑞像替代释迦传播佛法。公元7世纪之后，随着玄奘的西行，在其西归后于645年完成《大唐西域记》，书中记载了大量印度的瑞像崇拜见闻。在《大唐西域记》卷五中更是非常形象地描述了旃檀瑞像的造像传说，"如来自天宫还也，刻檀之像起迎世尊，世尊慰曰：教化劳耶？开导末世，寔此为冀"。引文中借释迦的口吻向旃檀瑞像授记，旃檀佛将接替释迦继续在末法时代传播佛法。此处的旃檀佛像是释迦替身，还是释迦的化身，总之，旃檀瑞像已经不再是单纯的偶像。也正因如此，瑞像被帝王历代传承，具有了国家政权传承的象征意义⑮。

通观中国佛教史，能够匹配"瑞像"之名、无出其右的，怕是只有优填王旃檀瑞像了，所以这座寺庙在初建之时以"瑞像"来定名是极有可能的。这一推论，也与一些学者的观点相应，如曾现江《优填王旃檀瑞像入燕始供地再探》和高建军《金代大延圣寺与云门宗》等文章中亦有相关的论证。日本学者百济康义在对藏文《旃檀瑞像传入中国记》中，亦将"sui zhang si"译为"瑞像寺"⑯，也是学界对于圣安寺即瑞像寺观点的呼应。只不过，此时"瑞像寺"的说法，也很有可能

并不是寺院的名称，而是一种代称，用以指代寺内供奉着旃檀瑞像。

皇统初，金熙宗完颜亶为何要赐名"大延圣寺"？"大延圣"之名，到底在表达着什么？《上京大储庆寺沙门释海慧传》载："金皇统三年六月英悼太子创造大储庆寺于上京宫侧。告成极世精巧幻若天宫。慕师道价降旨请为开山第一代。说法赐牒。普度境内童行有籍于官者百万为僧尼。次年诏迎旃檀瑞像供养于寺之积庆阁。"此处"金皇统三年"的记载有误，据《佛祖历代通载》可知，熙宗为庆祝皇子诞生"诏海惠大师，于上京宫侧造储庆寺，普度僧尼百万，大赦天下"[17]是在皇统二年（1142），"次年诏迎旃檀瑞像供养于寺之积庆阁"则是在皇统三年（1143），这与程钜夫《旃檀瑞像记》所载"至燕京居今圣安寺十二年"和"又北至上京大储庆寺二十年"的时间是吻合的。也就是说，金皇统三年，供奉旃檀瑞像的燕京寺院，因旃檀瑞像北上，寺已无瑞像可供，则无法再称"瑞像寺"，故"赐名大延圣寺"，即"延续瑞像之圣"之意，这个说法也是说得通的。曾现江先生亦持相同观点，认为"'大延圣寺'之'圣'应指的就是'圣像'，即优填王旃檀瑞像"。

"大定三年，命晦师主其事，内府出重币以赐焉。六年新堂成，崇五仞，广十筵，轮奂之美，为都城冠。八月朔，作大佛于寺，以落成之七年二月，诏改寺之额为大圣安。"[18]大定三年，世宗完颜雍命晦堂大师主理寺务，内府出重金以赐，用了约4年时间大兴土木、重加扩建，其因缘是什么？为何在大定七年寺院修缮落成之时，世宗下诏更改寺额为"大圣安"？"大圣安"何意？缪荃孙辑《顺天府志》援引了《元一统志》关于大圣安寺的记载，但在末尾有"诏改寺之额为大圣安（即延洪阁也——原注）"[19]的标注，"延洪阁"之名，又能为我们提供怎样的历史线索呢？

金皇都由上京迁至燕京（迁都后更名为中都）后，世宗完颜雍将驻锡上京大储庆寺的晦堂俊公诏回燕京，住持大延圣寺，并主理修缮事宜。与晦堂一起归京的，还有旃檀瑞像。程钜夫《旃檀瑞像记》载："北至上京大储庆寺二十年。南还燕宫内殿居五十四年。"金皇统三年至上京储庆寺，二十年南还燕宫内殿，推其时间，恰为金大定三年，故原本住持大储庆寺的晦堂禅师，在大定三年护送旃檀瑞像归京，并回归曾经离开时的寺庙大延圣寺。晦堂禅师回到大延圣寺，世宗皇帝出内府重金以赐而重修寺庙，"轮奂之美，为都城冠"，此一句已道破大延圣寺在世宗心中的地位。世宗为什么会对大延圣寺如此恩遇呢？原因概为有三：因佛觉佑国（佛觉琼公）、佛智护国（晦堂俊公）两位金朝享有"国师"礼遇的禅师曾驻锡于此，此其一；因金朝开国迎请旃檀瑞像供奉于此，此其二；世宗母亲李洪愿（贞懿皇后，名洪愿，号通慧圆明）曾削发为尼，依佛觉大禅师受具戒，世宗因孝母而惠及其师和其师开创之道场，此其三。当然，后来佛觉、晦堂的继任者圆通广善禅师住持该寺，亦没有辜负世宗对这座寺院的恩遇，为三朝国师，统理着这座云门禅宗在北方地区的祖庭。晦堂禅师携瑞像归来，世宗重修大延圣寺，并在寺庙落成之日重新更额"大圣安"，似在表示旃檀瑞像作为皇权正统的护佑象征，告别了金海陵王完颜亮时期霸权迁都、时局动荡的局面，离开了因迁都而寥落了的大储庆寺，被圣君安置于京城内宫，大圣安矣！此"圣安"，既表圣像之安、皇权之安，还表达了一代帝王对于江山社稷的祈福和福佑天下的坚定信念。金世宗是金朝最有作为的一代治世明主，素有小尧舜之美誉，"大圣安"的祝釐也是符合世宗的治世理想的。

"诏改寺之额为大圣安（即延洪阁

也——原注）"，此处的标注，也颇有些意味。延洪阁，当是一座二层的阁楼式建筑，是否为该寺的"瑞像殿"暂且无考，仅就名字而言，延为延续之意，洪又代表着什么呢？是指云门宗的宗派源流来自真定洪济寺、洪济法琼，延续着云门宗正宗正脉的传承？还是指世宗的母亲李洪愿，抑或晦堂洪俊这一云门"洪"字辈的传承？也许两者都有，也许第二说显得狭隘了些，第一说更接近于本来的意味，毕竟在诸家宗派的法脉源流上，木本水源都是被极为重视的事情。当然，这些只是推论，需要更明确的史料加以佐证。

佛觉禅师在燕京有哪些弘法行迹，并无全面记载，唯银山宝岩禅寺和大圣安寺记载翔实。元《银山宝岩禅寺上下院修殿堂记》，不仅详述了佛觉禅师将云门宗传承带入燕京，并在银山宝岩禅寺落地开花的历史背景，还间接反映了宝岩禅寺与大圣安寺之间密切的法脉因缘。元代的银山宝岩禅寺，即今北京昌平区银山塔林所在，彼时的大圣安寺，即今北京西城区南横街西口的圣安寺所在。大圣安寺是云门宗金元时期在燕京乃至中国北方的弘传中心，而银山塔林则作为其下院成了高僧圆寂之后的塔院所在。

《上京大储庆寺沙门释海慧传》载："皇统五年海慧入寂，火浴获舍利五色无算，光明彻于空表异香弥旬。金主偕后太子亲王百官设供五日，奉分五处建塔，谥曰佛觉佑国大师。"如今，佛觉禅师五座舍利塔中唯一能确指存世的，便是银山塔林中的"故佑国佛觉大禅师塔"了。佛觉佑国禅师塔屹立于银山塔林的核心位置，周围四角分别安奉晦堂禅师、懿行禅师、虚静禅师、圆通广善禅师灵塔各一。这里，是佛觉禅师携锡燕京弘传云门禅法之地，亦是其最后的归宿。

三、结语

溯本清源，是研究金代云门宗传入燕

京的历史首先从奠基者佛觉禅师入手的方法和精神所在。本文用了很大篇幅来研究和考述佛觉禅师与云门宗在燕京地区的传入史迹，以及大圣安寺兴建与优填王旃檀瑞像的供奉是值得的。学界对佛觉禅师与云门宗在金代传入燕京的描述一直都模糊不清，往往存在顾此失彼的现象，一方面确有资料孤寡之因，难成大网；另一方面也有不能以大的历史、社会为综合背景，以重大的佛教历史事件为切入点，以多种文献为相互印证，以史学结合地理、文学为方法等原因，所以会有窥一斑以为全豹的问题存在。以上所述也并非全豹，受限于个人的知见和材料的匮乏，旨在抛砖引玉。若有些值得探讨的见解，是因为搜集并学习了诸前辈学者大量的研究与探索，故致敬于一直为相关研究不懈努力的师长们。本文也难免会有一些论述不周或武断之处，还请方家不吝赐教。

本文为北京市文物局2021年"一对一"科研帮带课题"佛教艺术的鉴赏与研究"成果。

①[清]麻兆庆：《昌平外志》卷四《金石·元银山宝岩禅寺上下院修殿堂记》，国家图书馆藏清光绪二十一年（1895）刻本，第10页。

②⑱⑲赵万里校辑：《元一统志》，中华书局，1966年，第22—23页。

③包世轩：《金元时期燕京佛教史事集考》，黄夏年主编《辽金元佛教研究（上）》，大象出版社，2012年，第444页。

④薛瑞兆：《"金代国朝文派"蔡珪佚文辑校》，《内江师范学院学报》2017年第1期。

⑤刘晓：《宋金之际中国北方云门宗的传承——"以佛觉法琼、慧空普融法脉为中心"》，《中国史研究》2021年第2期。

⑥邢东风：《红螺寺僧史小考》，《北京社会科学》2017年第10期。

⑦[明]如惺编：《大明高僧传》卷七《上京大储

庆寺沙门释海慧传十六（清慧）》，《四朝高僧传》第5册，中国书店，2018年5月，第226—227页。

⑧李树云：《〈大金普照禅寺浃公长老灵塔〉及金代大同佛教》，《五台山》2008年第3期。

⑨黄春和：《白塔寺》，华文出版社，2002年，第29—30页。

⑩曾现江：《优填王旃檀瑞像入燕始供地再探》，《五台山研究》2019年第1期。

⑪[元]陶宗仪撰、李梦生校点：《南村辍耕录》，上海古籍出版社，2012年11月，第190页。

⑫尚永琪：《优填王旃檀瑞像流布中国考》，《历史研究》2012年第2期。

⑬[元]释念常：《佛祖历代通载》卷二十，元至正七年（1347）释念常募刻本，第27页。

⑭[宋]洪皓：《松漠纪闻》，国家图书馆藏四库底本，清抄本。

⑮蒋家华：《中国佛教瑞像崇拜研究——古代造像艺术的宗教性阐释》，齐鲁书社，2016年，第78、106—107、121、124页。

⑯[日]百济康义：《〈栴檀瑞像传入中国记〉的回鹘语与藏语译文》，《中国边疆民族研究》第4辑，中央民族大学出版社，2021年。

⑰[元]释念常：《佛祖历代通载》卷二十，元至正七年（1347）释念常募刻本，第7页。

（作者单位：北京大觉寺与团城管理处）

全面抗战初期中共党史文献的编纂

——以北京市文物局综合事务中心藏《红色文献》为中心

陈　倩

在中国共产党走过的百年光辉足迹中，有很多珍贵的文物遗存凝聚了中国共产党人的奋斗和艰辛。现收藏于北京市文物局综合事务中心的1938年解放社版《红色文献》就是这样一部见证中共发展历程的革命图书文物，它既跨越了中国共产党从成立到抗日民族统一战线正式形成的16年中走过的革命历程，又反映出中国共产党在全面抗战初期这一历史转折关头在党史文献编纂方面所做的努力。

之前涉及《红色文献》的研究有《简论延安时期的党史文献整理工作》[①]《中国现代史史料学》[②]和《中国共产党编纂党史资料的进程（1929—1955）》[③]等，都是将《红色文献》置于中共党史编纂的长期历史中来审视其历史作用。本文作者在研读过程中，认为此书是在全面抗战初期的历史背景下中共党史文献编纂的一项重要成果，值得关注，因此，试联系《红色文献》产生的背景、编纂情况，揭示其文献价值，并根据所藏本《红色文献》的钤章等信息分析其文物价值。

一、所藏《红色文献》的概况

（一）文物基本信息

北京市文物局综合事务中心藏《红色文献》一册，相关文章曾介绍此书信息[④]，结合其中内容及藏品信息记录可知：此书出版时间为1938年2月，平装1册，繁体竖排铅印。开本长18.2cm，宽12.9cm，封面书

名红色印"红色文献"，竖排。内容依次为：扉页："红色文献/解放社"，从右向左读；扉页背面是版权页："红色文献/定价七角/解放社出版/民国二十七年二月"；编者的话1—2页；目录1—2页；正文1—404页；书脊印有书名、出版者。护页题"战时农村问题研究所惠存/□□敬赠/一九三八"字样；封面钤"战时农村问题研究所图书室"蓝色椭圆章；扉页钤"北京市文物局藏书"朱文方印。该书经鉴定为二级文物。

（二）《红色文献》的主要内容

《红色文献》由解放社出版的《中国问题指南》第1册和第2册合订而成。据书中"编者的话"，《中国问题指南》第1册收集1926年至1931年7月这一期间，即是从1925—1927年的大革命时到"九一八"事变以前共产国际论中国革命的文献，包括大革命时期、反动时期、苏维埃运动时期中国革命发展形势的分析和估计，中国共产党的任务和策略。《中国问题指南》第2册包括自中共二次大会宣言到六届四中全会期间中共重要历史文件，以此献给中共建党十六周年纪念。

（三）《红色文献》分册与合集的成书时间

关于《红色文献》合订之前两部分册《中国问题指南》第1、2册的成书时间，有研究认为："第1册序言有'1937年6月15日'的日期，第2册'编者的话'指出该书是在中共创立16周年时发行的，

另外由解放社发行的中共中央机关杂志《解放》第1卷第16期（1937年9月13日发行）首次刊载这两册书的广告。由此可以推断，这两册书是1937年7、8月陆续出版的。"⑤根据以上线索虽不能确定两部分册的出版时间一定是在1937年7、8月，但可以限定在1937年6月15日到1937年9月13日之间。关于合集《红色文献》的成书时间，在该书的版权页明确印出了出版时间，是于1938年2月将《中国问题指南》第1册和第2册合订，由解放社以《红色文献》的书名再次刊行。在前述《解放》第1卷第16期所刊对于《中国问题指南》第一、第二册书的广告（图一）中，可以看到这两册书当时被列入了"革命历史丛书"，可知出版者把这两部书的内容定为"革命历史"的属性，由解放周刊社出版，发行所为陕西延安新华书局。

二、《红色文献》产生的背景

在《红色文献》两部分册出版的1937年6月至9月间，抗战全面爆发，民族危机空前严重，中国共产党正在积极促成抗日民族统一战线的形成。国共两党达成初步抗战意向，国内和平局面初步呈现。"中国共产党的政治影响是空前的提高了，中国共产党成了民族统一战线的发动者、组织者，变成了民族统一战线的团结的坚强的核心"⑥。

中国共产党在积极促成抗日民族统一战线、做好抗战准备的同时，还系统总结党的历史经验、努力加强自身建设特别是思想理论建设，并以此作为克服思想上的盲目性和达到统一党内思想的重要途径。这从当时党内倡导理论学习的情况可以反映出来。1936年5月红军东征结束后，张闻天就明确提出组织在职干部开展马列主义理论学习的任务，他在中央机关全体工作人员大会上指出："学习马列主义理论是刻不容缓的任务！"当年10月，中共中央机关干部成立马克思主义研究会⑦。1937年3月6日毛泽东和洛甫（张闻天）给红军前敌政治委员任弼时的电报中提出的"国内和平实现后的形势和任务"就包括政治学习的内容："乙、……加强内部政治上的与军事上的训练，加强党在红军中的堡垒作用，重新教育干部，使他们能够负担新形势下的新任务，严整军风纪，学习群众工作，争取成为抗日军队的模范。"⑧

"反映党的历史、经验和理论的文献，最能说服人、教育人，是进行全党思想理论建设最重要、最基本、最权威的学习文本"⑨，因此，编纂党的文献是加强党内政治理论学习的重要内容。这正体现了《红色文献》两部分册《中国问题指南》第1、2册当时编纂的必要性。

在《红色文献》"编者的话"中写道："编印第二册的目的，是想把'九一八'以前中共发展的重要文件都收括进去，以便供给同志研究中共党史必要的参考材料。……在纪念十六周年的时候，我们仅以贵重的文献供给同志们为研究中共党历史

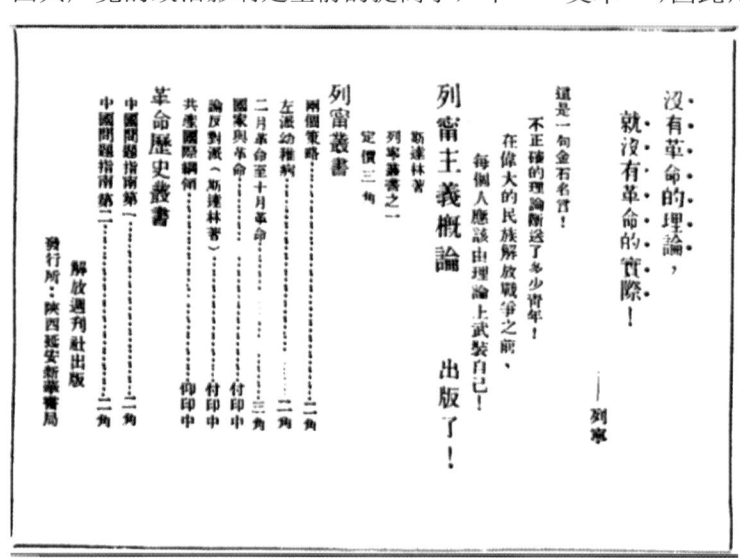

图一 《解放》第1卷第16期中《中国问题指南》第一、第二册书的广告

的参考，研究过去中共党的一切经验和教训。"对于第一册共产国际论中国革命的文献，编者写道："正是在中国革命发展的这三个时期内，包含着丰富的经验与教训。我们把这部文献重新付印的目的，就是给同志们研究这一个时期内中国革命的参考。……现在当我们研究过去的革命斗争的教训时，我们应当从过去的革命斗争中领悟丰富的经验与教训，如果机械地把这些文献在今天来运用，那就会发生大的错误。在今天反日民族运动的前面，一个自觉的马克思主义者，如果不研究过去这些丰富的经验和教训，也就有重复错误的可能。机械地运用这些文献，会走到错误，不研究这些文献，也可能走到错误。"[10]

为了在党内倡导研究党史、提高马列主义理论水平，"以便供给同志研究中共党史必要的参考材料"，为全党研究中国革命丰富的经验和教训，提供最基本的文献依据，《红色文献》应运而生。

根据《红色文献》编者的话，《中国问题指南》第二册包括自中共二次大会宣言到六届四中全会期间中共重要历史文件，以此献给中共建党十六周年纪念[11]。1937年7月1日，周恩来在中共中央召开的党的活动分子会上作了题为《十六周年的中国共产党》的报告，报告分析了党取得成就的原因，总结了中共在大革命时期的历史教训，并号召党要自觉地担负起领导全国抗日民族统一战线的任务[12]。《红色文献》合订之前的《中国问题指南》第二册的出版就是献给这次纪念建党十六周年的一份礼物。

三、《红色文献》的编纂情况

（一）篇目

根据《红色文献》的目次，该书收录文献21篇，包括：1. 第二次全国大会宣言；2. 第一次对于时局的主张；3. 第三次全国大会宣言；4. 第二次对于时局的主张；

5. 第三次对于时局的主张；6. 第四次对于时局的主张；7. 第四次全国大会宣言；8. 为反抗帝国主义野蛮残暴的大屠杀告全国民众；9. 告五卅运动中为民族自由奋斗的民众；10. 第五次对于时局的主张；11. 中共"八七"会议告全党党员书；12. 中共第六次全国代表大会文件；13. 中国共产党中央委员会扩大会第四次全体会议议决案；14. 中国问题决议案；15. 共产国际关于中国问题的议决案；16. 共产国际执行委员会与中国共产党书；17. 共产国际执行委员会与中国共产党书；18. 共产国际执委致中共中央委员会的信；19. 中国问题决议案；20. 共产国际执行委员会给中国共产党中央委员会的信；21. 共产国际执委主席团给中国共产党的信。因目次所列篇数比内文少一篇，因此实际全书共有文献22篇。前13篇为中共重要历史文件，内容有中共第二次、第三次、第四次全国大会宣言，第六次全国代表大会文件，中国共产党五次对于时局的主张，告民众书、告全党党员书、全体会议议决案等，对应《中国问题指南》第二册内容。后9篇为共产国际论中国革命的文献[13]，内容有《中国问题决议案》《与中国共产党书》《致中共中央委员会的信》等。这9篇，对应《中国问题指南》第1册内容。

（二）编纂者

根据相关研究，张闻天主持的延安党史研究会编辑了《中国问题指南》两册[14]，张闻天在《红色文献》编纂中起到了中心作用[15]。本文对此略加阐述。

首先，《红色文献》的出版机构解放社的总编为张闻天。以张闻天、秦邦宪、何克全等组成的中央党报委员会于1937年4月24日创立《解放》周刊，1938年1月以后改名为《解放》，编辑部也由原来的《解放》周刊社改为《解放》社，《解放》社总编辑一直由张闻天担任[16]。因此，解放社出版的《红色文献》一书由张闻天主持编纂是合理的。

其次，张闻天在这一时期重视党内

加强政治理论学习，也做了很多党史文献收集和研究的工作。如前所述，此时党内理论学习的倡导者是张闻天。1936年5月红军东征结束后，张闻天就明确提出组织在职干部开展马列主义理论学习。1937年4月初，张闻天在抗大开讲《中国现代革命运动史》，并提议成立"中国革命史研究会"，成员均跟班听课，然后就各人承担的章节写出讲稿，分头去各班担任教员授课[17]。这些讲稿，最后由张闻天统一修改加工，编纂为《中国现代革命运动史》，由延安解放社铅印发行，供当时我党的各级干部、各类院校学员学习，成为中共党史、中国革命史课程的教材[18]。"在革命战争的艰苦年代里，张闻天克服了种种难以想象的困难，收集了大量历史文献，……有……中共二大、三大、四大的《宣言》，中共第一、二、四次《对于时局的主张》、中国劳动组合书记部的《关于'二七大屠杀之经过'的报告》、中国共产党执行委员会的《为吴佩孚惨杀京汉路工告工人阶级与国民》、中共四大《对于民族革命的运动之决议案》、中共的《八七告同志书》《中华民国政治史》以及共产国际许多有关中国革命的指示。"[19]对照来看，这些文献中，中共二大、三大、四大的《宣言》，中共第一、二、四次《对于时局的主张》，中共《八七告同志书》等篇也收入《红色文献》这本书中，所以《中国现代革命运动史》和《红色文献》中多篇文献资料应该是同源的。基于对党史文献收集和研究的工作，张闻天形成了党史研究的成果《中国现代革命运动史》，所搜集的中共党史文献，也为出版"革命历史丛书"《中国问题指南》第1册、第2册积累了材料。

此外，他在党史文献搜集和研究中形成的对中国革命性质、形势、任务、对象、动力和重要党史人物的分析评价，为抵制、反对各种错误言论提供了科学的理论依据和思想武器。为反击社会舆论对中国共产党近十年活动的错误评论，

张闻天于1937年6月28日发表了文章《关于十年来的中国共产党》，在集中回顾党十年来的英雄业绩之余，也曾总括"中国共产党十六年来的奋斗史"[20]，针对一些人借国共关系变化和中共政策转变来否定共产党十年历史的论调进行了批驳，并指出："我们的对方……希望拿这种方法去损害与打击中国共产党，招集自己的政治资本，那中国共产党员就有责任在这方面来一点说明，这点说明也许对于民族统一战线的迅速建立不无好处吧。"[21]文章驳斥了当时盛行的否定中国共产党土地革命战争的历史，进而加强对共产党员党史方面的教育。这正是在《中国革命问题》第1、第2册即将出版的时候。在这些成果的基础上，1938年1月5日延安解放社出版了《十年来的中国共产党》，内收《关于十年来的中国共产党》《中国共产党十五周年纪念》等文章。而之后1938年2月解放社出版的《红色文献》应也是这一批党史成果的延续。

（三）编纂文献资料的权威性

在这一时期，中共中央委员会发布启事，对刊行的党的领导人的著作和历史资料的版本实行统一管理。1938年2月《解放》杂志登载的《中国共产党中央委员会启事》声明：自1938年2月8日起，"凡关于本党文件，本党领导人之著作和言论，以及关于本党的历史材料及领导人传记等，均请托中国出版社及延安解放社印行。前此各书店所出版之与本党上述各问题有关之书籍小册等，除延安解放社出版者及曾经本党负责人签字交付个别书局印行之个别小册子外，中共中央绝不负任何责任"[22]（图二）。解放社于1938年2月出版《红色文献》，正是这一声明在实践中的体现，是中共中央对党史文献资料的一次官方正式出版。

从1938年2月，中共中央领导的出版机构解放社对刊行的党的领导人的著作和历史资料的版本实行统一管理。《红色文献》作为官方出版的党史文献集，具有统

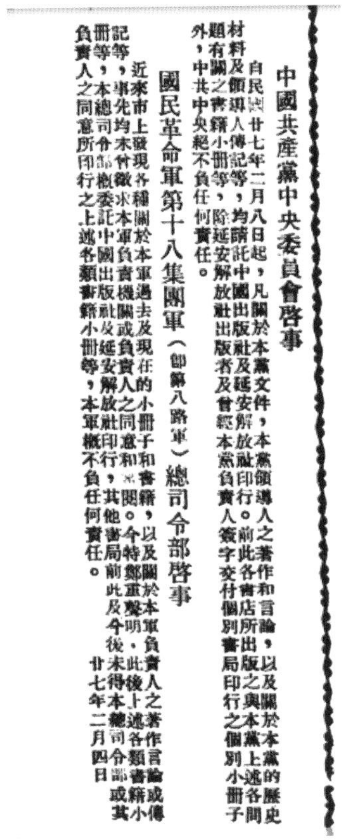

中國共產黨中央委員會啓事

自民國廿七年二月八日起，凡關於本黨文件，本黨領導人之著作和言論，以前此及此後所出版之與關於本黨歷史別上述各冊子與問史，外題材料，有關之書籍小冊記等，中共黨起不負任何責任，除託延安解放社同意所付印行者概不負任何責任。

國民革命軍第十八集團軍（即第八路軍）總司令部啓事

自民國廿七年二月八日起，凡關於本軍文件，本軍領導人之著作和言論，以及此前此及此後所出版之與關於本軍歷史別上述各冊子與問史，負冊記責等等人，之本市先現各稱關於本軍機關或負責人之小冊子或延安解放社同意所付印行之上述各類書籍小冊子等，解放社概印意不行和負其他害籍，負任何責任。近事市上發現各稱關於本軍機關求徵明本軍有關出版書籍小冊子等，解放社同意所付印行之概意不行和負其他害籍，負任其他害籍。

图二　1938年2月25日《解放》周刊所刊登的《中国共产党中央委员会启事》

一理论思想权威的作用，之后系统化、专题化的党史文献编纂整理工作逐渐展开。1938年6月，解放社发出"为征集中共历史文献的启事"，号召各根据地搜集中共成立以来的一切文献，内容包括"历来中共中央及各省组织所发表的重要文件及刊行的党报和书籍"，以及"中共党人关于中国革命问题的各种著作"[23]。1937年初至1940年8月，解放社先后编成《抗日民族统一战线指南》系列丛书共10册，内容包括中共中央及党的领导人发表的有关抗日民族统一战线的文献134篇[24]。1941年的7、8月间，中共中央政治局讨论决定，为了给整风运动提供学习和研究问题的材料，由毛泽东同志主持，整理中共六大以来的党史文献，于1941年12月正式编成了《六大以来——党内秘密文件》一书。这部文献集辑录了自1928年6月至1941年11月跨越土地革命战争和抗日战争两个时期的党史文

献561篇，系统地反映了这两个时期中的重大历史事变和复杂斗争，呈现了党的政治路线和各项策略在中国革命进程中的发展轨迹[25]。在整风运动开展以后，团中央办公厅也于1942年2月9日发出征集文献通告，要求在延安的机关、团体或个人，凡"存有过去各种历史文件刊物者"，须申报团中央秘书处，以备接洽[26]。

四、《红色文献》的价值

（一）文献价值

1. 汇集了中国共产党诞生至1931年间的珍贵文献史料

《红色文献》一书收集了1921年至1931年间的中共重要文件以及共产国际对中国革命的文献。中国共产党从创建到30年代中期，经历了一系列英勇的斗争，正如在《红色文献》"编者的话"中所写："中共已有十六年的历史，这一丰富的战斗的历史，蕴藏了中华民族和中国工人阶级一切优秀儿女的血和肉所筑成的。"土地革命战争时期敌我双方斗争极端残酷，特别是经过长征以后，损失了大批的党史文献，因此，《红色文献》中汇集的这批中共的重要历史文献就显得弥足珍贵。

2. 体现了中共系统开展党史文献编纂整理的初步探索

从1938年2月开始，中共中央领导的出版机构解放社对刊行的党的领导人的著作和历史资料的版本实行统一管理，需要尽可能广泛地收集各类党的历史文献。《红色文献》作为官方出版的党史文献集，具有统一理论思想权威的作用，《红色文献》的出版为之后系统化、专题化开展党史文献资料编纂整理工作进行了有益的初步探索。

延安时期党史文献整理工作新局面的出现，是全党同志共同研究党史的需要，是开展党史文献征集的结果，是党的思想路线、政治路线逐渐成熟的反映[27]。探讨这一过程，无疑对于今天的党史文献编纂

研究工作多有裨益。

3. 为全面抗战初期中共党史学习提供文献资料

《红色文献》的出版，为全面抗战初期中共党内开展党史学习提供了文献资料。通过党史的研究对党的各方面极其丰富的革命斗争经验进行马列主义的总结，是团结全党、教育全党、提高全党以至争取中国革命胜利的极为重要的一环。通过这些党史文本的学习和研究，使得许多党员干部同志能够结合自身的革命实践，领悟过去的革命斗争中丰富的经验与教训，用辩证唯物论和历史唯物论的观点来研究党的革命斗争历史，去领悟方法、精神，使思想达到统一，保证中国革命继续向前发展。

4. 宣传中国共产党的政治主张，巩固扩大抗日民族统一战线

延安时期的党史文献整理工作，仍继承着第一、二次国内革命战争时期的优良传统，即把党史文献的整理工作同宣传党的政治主张紧密结合起来，重视当代文献的结集整理，并将之视为指导根据地工作，争取广大群众坚持抗战的有效手段[28]。《红色文献》正是如此，用历史文献资料证实中国共产党诞生和发展与民族命运的紧密联系。中共的历次宣言都是在时局紧急和民族危亡之际向世人的庄严宣告。《红色文献》所辑中共文献，用党的历史事实在抗日民族统一战线形成中驳斥了对共产党的反对言论。就像1937年至1940年间解放社所编纂的《抗日民族统一战线指南》系列丛书文献集的编者在"引言"中所说的，其编纂目的在于使广大人民群众从中能够"看出中国共产党过去与现在，对于中华民族解放运动，是如何的苦心孤诣，是如何的意志坚定，而态度又是如何的光明正大"。同时，也是为了"使抗日民族统一战线更加巩固更加扩大，能够获得新的大大地发展"[29]，这样的表述也适用于来解读《红色文献》编辑的意图和目的。

（二）文物价值

《红色文献》记录了中国共产党的革命历程，也见证了全面抗战初期中共开展党史文献编纂整理的初步探索，凝聚着中国共产党人为初心使命而奋斗的力量和精神，是党的红色基因的重要载体。

《红色文献》中题写1938年赠予战时农村问题研究所并有该所图书室印章，表明此书1938年曾赠予武汉的战时农民问题研究所并在此保存，据有关文章记录："1938年5月，中国战时农村问题研究所在武汉成立，主持人王寅生，他（按：指潘逸耕同志）被邀参加这项研究工作，并加入中国农村经济研究会。同时在该所参加工作的有王一青、俞景文等。当时，钱俊瑞、薛暮桥亦在武汉，在工作上与中国战时农村问题研究所有密切联系。"[30]中国战时农村问题研究所由中国农村经济研究会会员建立[31]，1933年12月成立的"中国农村经济研究会"名义上为学术组织，但其实是在中共的领导下运作的，其主要骨干成员也都是地下共产党员，如陈翰笙、薛暮桥、孙冶方、钱俊瑞、王寅生和张锡昌等。次年10月，中共秘密领导下的《中国农村》杂志也在上海以学术期刊名义正式出版发行。从1934年10月创刊到1943年6月被国民党禁刊，《中国农村》积极配合共产党的土地革命政策，从理论上为中国共产党的农村土地革命进行舆论上的宣传和准备工作[32]。曾收藏于战时农村问题研究所的这部《红色文献》图书文物正是战时农村问题研究所与中国共产党密切联系的见证。

从当时国民党对图书查禁情况的资料也可以反映这部《红色文献》的珍贵价值。在《抗日战争时期国民党政府查禁书刊目录（一）（1938.3—1945.8）》中，可看到《红色文献》在1938年曾被国民党政府查禁的情况："书刊名称：《红色文献》；著译者：无；出版者：解放社；送审者：武汉检查出版品委员会。查禁理由为：以派系私利为立场，诋毁本党及政

府。日期为：1938年11月。查禁机关：图审会。"㉝此书由在武汉的战时农村问题研究所保存，被国民党政府查禁之后历经辗转保存至今，可谓珍贵。

五、结语

《红色文献》见证了中国共产党从成立到抗日民族统一战线逐步形成的革命历程，以及全面抗战初期在党史文献编纂方面所做的探索，并体现出中国共产党为了巩固扩大抗日民族统一战线所做的政治宣传和不懈努力。

1942年3月30日，毛泽东同志在中央学习组作《如何研究中共党史》报告，他在报告中开宗明义："现在大家在研究党的历史，这个研究是必须的。如果不把党的历史搞清楚，不把党在历史上所走的路搞清楚，便不能把事情办得更好。这当然不是说要把历史上每一件事统统搞清楚了才可以办事，而是要把党的路线政策的历史发展搞清楚。这对研究今天的路线政策，加强党内教育，推进各方面的工作，都是必要的。我们要研究哪些是过去的成功和胜利，哪些是失败，前车之覆，后车之鉴。""我们要用这样的研究来使我们对今天的路线和政策有更好的认识，使工作做得更好，更有进步"㉞，这指明了党史学研究的任务和目的㉟。毛泽东同志的这一论述，适用于其他时期的党史学习，也可用来阐述全面抗战初期党史文献编纂的意义所在。因此，在84年后的今天，我们仍要对这部《红色文献》进行细致深入的研究和探讨。

①㉕㉗㉘郝瑞庭：《简论延安时期的党史文献整理工作》，《延安大学学报（社会科学版）》1988年第2期。

②张宪文：《中国现代史史料学》，山东人民出版社，1985年，第45—46页。

③⑤⑮[日]石川祯浩撰、李晓倩编译：《中国共产党编纂党史资料的进程（1929—1955）》，《中共党史研究》2017年第6期。

④孔繁云：《北京市文物局图书资料中心藏珍贵革命文献述要》，《北京文博文丛》2011年第2期。

⑥洛甫：《关于十年来的中国共产党》，《解放》周刊第8期，1937年6月28日。

⑦程中原：《张闻天传》（修订本），当代中国出版社，2016年1月，第273页。

⑧《国内和平实现后的形势和任务（一九三七年三月六日）》，中共中央文献研究室、中国人民解放军军事科学院编辑：《毛泽东军事文集（第一卷）》，军事科学出版社、中央文献出版社，1993年12月。

⑨中央文献研究室课题组：《党的文献事业发展历程及其启示》，《党的文献》2011年第4期。

⑩⑪《红色文献》"编者的话"，解放社，1938年2月。

⑫《周恩来年谱（1898—1949）》（修订本），中央文献出版社，2020年2月，第368—369页。

⑬目录上是8篇，实际为9篇，第245到266页的《中国问题决议案》没有出现在目录中。

⑭张宪文：《中国现代史史料学》，山东人民出版社，1985年，第46页。

⑯曹子庭：《延安时期中共中央的出版发行工作》，《党史文苑》1994年第4期；方克主编：《中共中央党刊史稿》（上卷），红旗出版社，1999年11月，第368—371页。

⑰谭虎娃：《延安时期我们党的党史学习及其历史经验》，《光明日报》2018年8月19日。

⑱牛崇辉：《论张闻天对中共党史、中国革命史的研究及其贡献》，《党史博采（理论）》2013年第1期。

⑲沈建中：《张闻天与〈中国现代革命运动史〉》，《上海党史研究》1995年第6期。

⑳吴海勇：《从中国共产党诞生到新中国诞生——围绕"诞生"一词对中国共产党与新中国的历史关联考察》，《上海党史与党建》2019年第8期。

㉑洛甫：《关于十年来的中国共产党》，《解放》周刊第8期，1937年6月28日。

㉒《中国共产党中央委员会启事》，《解放》第31期，1938年2月25日。

㉓《解放》第33、34期合刊，1938年7月1日。

㉔郝瑞庭：《简论延安时期的党史文献整理工作》，《延安大学学报（社会科学版）》1988年第2期；朱险峰：《萌生和初建时期中共党史研究的学术考察》，《党史研究与教学》2003年第1期。

㉖《解放日报》1942年2月9日。

㉙《中共对于抗日民族统一战线的主张》"引言"，解放社，1938年1月。

㉚秦柳方：《一位世纪老人的坎坷一生——回忆潘逸耕同志》，《江南论坛》1997年第3期。

㉛冯和法：《中国农村经济研究会的战斗历程(上)——回忆白区革命者对中国农村的研究》，《农业经济丛刊》1982年第4期。

㉜张丽：《中共土地革命理论的学理论证和调研》，《中国社会科学报》2014年4月18日。

㉝张克明辑录：《抗日战争时期国民党政府查禁书刊目录（一）（1938.3—1945.8）》，《出版史料》1985年第4辑。感谢北京市文物局综合事务中心张晶晶同志提供此条资料。

㉞毛泽东：《如何研究中共党史》，中央文献研究室编辑：《毛泽东文集》第2卷，人民出版社，1993年，第399—400页。

㉟熊杏林：《毛泽东谈学习党史》，《学习时报》2021年2月10日。

（作者单位：北京市文物局综合事务中心）

小课本 大宣传

——北京市文物局综合事务中心藏《初小国语课本》管窥

高智伟

教科书，亦即课本，是根据教学大纲（或课程标准）编定的系统地反映学科内容的教学用书。教科书是教学内容的主要依据，是实现一定教育目的的重要工具[①]。中国共产党充分认识到教科书在传播新思想新文化中的意义和价值，无论是中央苏区时期、抗日战争时期还是解放战争时期，都非常重视教科书的编撰及根据地的教育工作，即便在极端恶劣的环境中也没有放松。可以说，根据地教科书是中国共产党教育史的重要组成部分，也是中国共产党历史文化的见证者和记录者，是一份宝贵的精神遗产。

北京市文物局综合事务中心收藏有部分抗战时期的根据地教科书，在战争年代，这些教科书既是根据地广大人民群众，尤其是青少年启蒙教育的基础文本，也是中国共产党宣传党的领导、进行政治动员的重要载体。本文尝试以中心藏《初小国语课本》为例，重温这些根据地教科书，深刻体会中国共产党文化初心之所在。

一、相关研究成果

学界对我国近代教科书的相关研究开始较早，王建军以时间为线索对近代教科书的发展进行了系统梳理，从社会背景和文化学的角度分析了中国教科书近代化的内在动因[②]；毕苑从社会历史文化角度出发，认为"教科书综合了当时社会各个领域的知识，表现着社会发展的程度和特色"[③]；2015年石鸥主编的"中国教科书发展史丛书"涵盖了"百年中国乡土教材""新中国红色课本""清末民初女子教科书""革命根据地教科书"等六个方面；2018年田正平主编的"民国教育史专题研究丛书"更是选择了"民国中小学教科书""民国乡村教育""民国义务教育""民国私立学校"等13个问题作为研究对象。

针对敌后抗日根据地教育情况的研究，大致集中在根据地教育状况的整体研究上，如《简论河北抗日根据地的教育事业》对河北域内抗日根据地的教育机构、方针等进行了介绍，并简单提及了教育经验[④]；另外《中国革命根据地教育史》[⑤]《中国教育制度通史》[⑥]等都涉及抗日根据地的教育方针、课程教学等相关内容；《晋察冀边区教育史》专门论述晋察冀边区的教育情况，总结了边区教育的贡献[⑦]；还有文章将关注点放在根据地的成人教育、妇女教育、干部教育上[⑧]，也有专门针对根据地小学教育进行的研究[⑨]。

二、中心藏《初小国语课本》基本情况

中心藏《初小国语课本》（以下简称"课本"）为第三册，32开大小，线装，封面、目录等内容缺失，正文第一页右下角钤"北京市文物局藏书"印章（图

表一 中心藏《初小国语课本》（第三册）内容

一、上学去	二、上学不是死读书	三、不学懒汉	四、好娃娃	五、龟兔赛跑	练习一
六、吃饭的规矩	七、讲卫生	八、天花	九、不是大豆		练习二
十、错了	十一、世良和小鸟	十二、植树竞赛	十三、清明种树		练习三
十四、春天到	十五、快种田	十六、冀热辽区的人民（一）	十七、冀热辽区的人民（二）	十八、书也要读活也要做	练习四
十九、折箭	二十、联合打虎	二十一、不抵抗的猪	二十二、蝙蝠		练习五
二十三、帮助爸爸锄草	二十四、锄草歌	二十五、夏天里	二十六、葱 韭 蒜		练习六
二十七、我叫蚯蚓	二十八、小猫想吃青蛙	二十九、他是谁	三十、水上天	三十一、下雨也要去	练习七
三十二、八路军	三十三、王大娘	三十四、你家在那里	三十五、海棠叶	三十六、小福报消息	练习八
三十七、先生的话	二十八、爸爸的来信	二十九、我们生在中国	四十、暑假工作		

一）。据版权页可知，该册课本为1944年7月15日出版、1946年1月15日再版，晋察冀边区行政委员会冀热辽区行署小学课本编审委员会编纂、晋察冀边区行政委员会冀热辽区行署出版、冀热辽区行署第十四专署顺义县政府教育科印刷厂翻印（图二）。全书共收录课文40篇和8个练习（表一）。

课本现存部分第一页为铅印的"课前后休息时规则""饮水室规则""公卖室规则""卫生室规则"，"规则"之后为课文部分，手抄油印，其中第一课至第四课为蓝色文字，第五课开始为黑色文字。

三、中心藏《初小国语课本》初步研究

（一）编撰背景

1937年8月召开的洛川会议上，中共中央通过了《抗日救国十大纲领》，其中

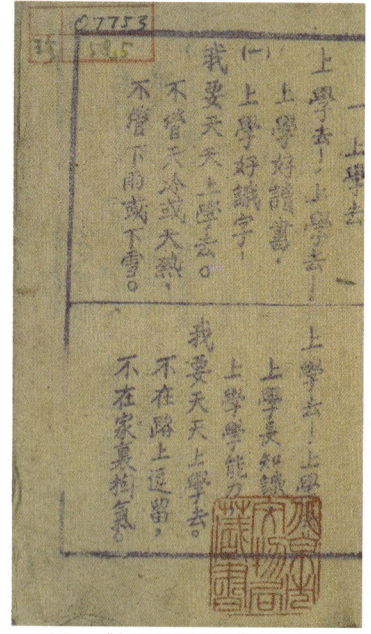

图一 《初小国语课本》第一课

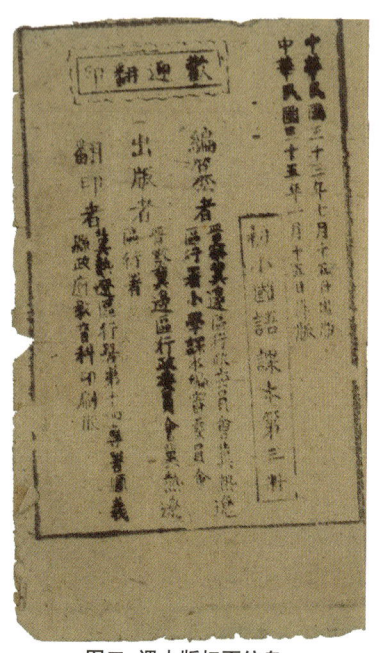

图二 课本版权页信息

第八项提出：“改变教育的旧制度旧课程，实行以抗日救国为目标的新制度新课程”⑩，这是根据地实行抗战教育的总政策，也是根据地政府确立的新的教育方向。据此，共产党开始在抗日根据地大规模兴办教育，同时提出了尽快普及义务教育的要求。

以晋察冀边区为例，1938年1月召开的晋察冀边区军政民代表大会通过了《文化教育决议案》，提出了恢复因日军破坏而停办的初级和高级小学、学生男女兼收、编订各种救亡读物与教材等措施⑪。1938年2月，晋察冀边区颁布了《晋察冀边区小学校教学科目及每周教学时间表》，对学校的课程设置和教学实践作出规定，另外还在《边委会通知本区域内小学开学办法数条》中规定了教材的编定与使用⑫。至1939年上半年，晋察冀边区全境（敌占区除外）小学增至七千余所，小学生增至四十余万人。初级小学差不多每个大一点的村子都设有；中学则每一行政区都有（有些中学还附有小学班），学生数量也比抗战前增加了。而且，教学内容从复古的、武断的和迷信的，改变为革命的、战斗的、民族的、民主的、科学的、大众的。学校生活，由压迫儿童、青年思想的专制制度，读死书、死读书的制度，改变为民主的、活泼愉快的和实际抗战工作联系起来的生活⑬。

（二）课本的涵盖内容

在抗战时期，教科书具有动员大众、宣传革命的功能，尽管其影响力不如政治动员等形式效率高，但却影响更深远、更含蓄，在潜移默化中提高了民众的政治觉悟，为共产党赢得了民心，而接受教育的青少年乃至一般民众，也为共产党取得抗战胜利奠定了深厚的群众基础和人才储备。

1. 宣传人民军队，增强民众信心

中心藏“课本”出版于1944年7月，其时正处于抗日战争的战略反攻阶段，因此，书中特别注意展示共产党军队的英勇，宣传共产党的政治信念，从而带给广大民众以信心和鼓舞。如第三十二课《八路军》：

八路军，八路军，敌后建立根据地。人民救星八路军，抗战胜力（利）有信心。铜筋铁骨身体强，扩大我们解放区。年纪青青（轻轻）精神爽，自由民主给人民。举起刀枪上前线，八路军八路军。坚持抗战为人民，我们拥护八路军。

再如第三十九课《我们生在中国》：

我们生在中国，我们生长在中国，我们是中国新儿童。要做中国主人翁，主人翁要自由。谁不给我们自由，我们就起奋斗，打破他的头！主人翁要民主，谁不给我们民主，我们就起奋斗，不给不放手。

用很简洁、朗朗上口的语言表达出“八路军是人民的军队，是真正的人民子弟兵”的情感，也表达出根据地民众对共产党的拥护及对取得抗战胜利的信心。

2. 全面反映农村生活

抗战时期，根据地所在区域多属于土地贫瘠、自然条件较差的农村，恢复和发展生产就成了根据地的一项重要任务。与之相对应，在根据地所使用的教科书中大量加入了有关农村生产生活的内容，教给学生基本的生产劳动知识，培养其劳动信念。书中《清明种树》《快种田》《冀热辽区的人民》《锄草歌》《夏天里》等，为我们描绘了一幅浓墨重彩的乡村图景。

如第十三课《清明种树》：

桃红柳绿梨花白，压桑植柳种榆槐。枝叶当柴花结果，歇凉防灾作木材。种树种树来种树，清明时节好种树。每人每年种一棵，全冀热辽多少树。

第二十五课《夏天里》（图三）：

夏天里来农家忙，锄过棉花和高粱（梁），南风吹来麦穗黄，麦子收下又插秧，稻秧插完拾青忙，夏天农人真正忙，天明上地去，归来月戴光。

这两篇课文精练通俗，且基本押韵，很形象地反映出边区人民热火朝天的生产劳动场景。另外，第十六课、第十七课

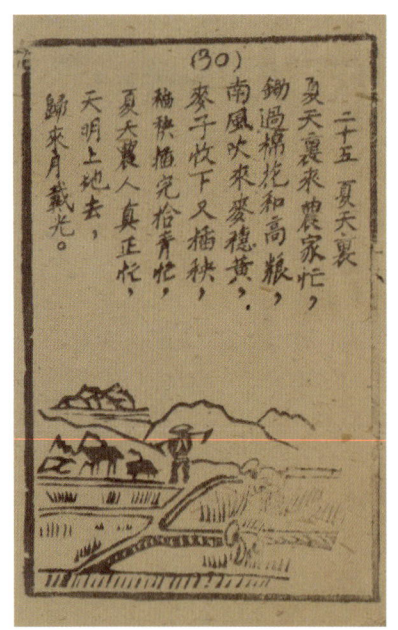

二十五　夏天裏

夏天裏來農家忙，
鋤過棉花和高粱，
南風吹來麥穗黃，
麥子收下又插秧，
稻秧插完拾青忙，
夏天農人真正忙，
天明上地去，
歸來月戴光。

（30）

图三 第二十五课书影

《冀热辽区的人民》，则反映了整个冀热辽区民众的劳动热情：

冀热辽区的人民，都组织起来了。他们都努力做生产工作。男人说："春天里农事忙，平沟填濠垒坝墙，送粪翻土种庄稼，拨工组织办的（得）强。"女人说："咱妇女，别偷懒，做活不弱男子汉。纺完棉花又织布，下地锄草也能干。"老人说："我老头，也不弱，种田种园办的（得）到，不信咱们比一比，看谁活儿做得好。"儿童说："别看我，年纪青（轻），上学读书也劳动，星期在家做活计，得空去当小先生。"男女老少，他们大家互相勉励，互相比赛着，努力工作。

这段文字用很口语化的叙述，表现出根据地人民恢复生产、建设家园的高涨热情。

3. 宣传文明礼仪和良好的卫生习惯

战争时期，边区生活、卫生习惯较差是客观存在的事实，因此，教科书中也用一定的篇幅来强调学生入学后就养成良好的生活习惯，一步步引导民众讲文明、讲卫生，以此提高边区民众的综合素养，改变边区落后的面貌。除制定"学生喝水，应自备水碗""不得在饮水器内，洗濯物件""字纸、果壳以及一切子、核、把、皮等不得扔弃地上"等规则之外，还在课文中加以引导。

如第七课《讲卫生》，就是用很浅显易懂的语言引导大家养成良好的卫生习惯、保护自己远离病害：

冀热辽区光明村，家家户户讲卫生。屋子院子勤洒扫，大街小道常修整。猪圈厕所有定处，倾倒脏水有水坑。衣服被褥常洗晒，头脸手脚洗干净。男女老少身体强，快快乐乐不生病。

如第八课《天花》，通过医生之口解释了天花病毒的治疗和预防方法，能在一定程度上消除民众的恐慌感：

小三病了，长了一身白泡，像豆粒一般大小，还不想饭吃。妈妈叫哥哥去请医生。医生看了说："这是天花，也叫瘟痘。小孩子最易传染。生了天花，很深可怕，就是不死，也得落了一脸麻子。每年春天，种一回牛痘，就可以防止发生。"

对于一些基本的礼仪，课文用对话的形式来呈现，如第六课《吃饭的规矩》：

吃饭的时候，妈妈对弟弟说："吃饭要有规矩，和人同桌并坐，不多占地位；盛饭和夹菜的时候，要小心，不把饭菜撒在桌子上；夹菜的时候，筷子要干净，不在菜碗里乱翻，把好吃的菜，不要拉到自己的面前；吃完饭，把筷子和碗，在自己的面前放好。"弟弟说："我以后，一定照妈妈的话做。"

文字所呈现的就是普通人家的日常生活场景，母亲对孩子谆谆教导的画面很有代入感，也让人印象深刻。同样的还有第三十一课《下雨也要去》，教导孩子要遵守承诺、守信用：

星期日上午，忽然下起雨来，吃过午饭，雨还没有止，哥哥打起雨伞向外就走，妈妈问他说："外面的雨，下得这样大，你为什么冒着雨出去？"哥哥说："昨天我和小青约定，这是（时）候到他家里去，帮助他补习功课，虽然下雨，也要去，不去便是失信了。"妈妈说：

"对！对！"

4. 普及自然常识

对刮风下雨等自然现象的介绍也是"课本"的重要组成，如第二十九课《他是谁》，用谜语的方式对风的特点及刮风时的状态进行了描述：

猜猜看，他是谁？看不见他的影子，看不见他的面容，但能听着他高声呼叫，大闹天空，你要找他的行迹，但看树叶摆不摆，水波动不动。他要来的（得）慢，树叶儿轻摆，水波儿微动，他要来的（得）急，草木动摇，波浪汹涌。

再比如第三十课《水上天》，用讲故事的语气讲述遇热蒸发、遇冷形成降雨的水循环原理，浅显易懂：

太阳晒河水，河水怕热，就一变变成汽，飞上天去。太阳晒海水，海水怕热，也一变变成汽，飞上天去。很多汽飞上天，集合起来，再一变变成云，在空中游荡。东游游西荡荡，云碰着了冷，又一变变成雨，从空中落下来，落在地上，落在河海里。水在天上游了一游，又回到老家来了。

（三）课本的语言特色

通读完此书，会发现全书的文字都通俗易懂，读起来朗朗上口，如第四课《好娃娃》中"梨子树，开白花，我们都是好娃娃"，第五课《龟兔赛跑》中"小白兔，很骄傲，同乌龟，来赛跑"，课文开头几句合辙押韵，能快速吸引学生的注意力，也容易记忆。

还有，用场景对话的方式来编写课文内容，更贴近民众生活。除上文提及的《吃饭的规矩》《下雨也要去》之外，还有《不是大豆》《帮助爸爸锄草》《你家在哪里》《先生的话》《暑假工作》等都是以对话来表达的。如第二十三课《帮助爸爸锄草》中"爸爸说：'你的年纪小，力气少，锄草，锄不动，快拉倒！'勤儿说：'爸爸年纪老，还要锄，我的年纪小，身体好，应该帮助爸爸来锄草。'"尤其"拉倒"一词更是很口语化的表达，

拉近了编者与读者的距离，也使民众更容易接受。

另外，选择群众常见的事物、熟悉和关注的事件，实行故事化和儿童化的编撰，以儿童的视角，用拟人的方式将蕴含的道理深入浅出地表现出来，也是"课本"的一个显著特点。如第十一课《世良和小鸟》，通过"世良"和小鸟的一段对话，表达根据地民众追求自由的信念：

小鸟在田里捉小虫吃。世良向小鸟说："来！来！这里有饭给你吃，这里有水给你喝，这里吃喝都充足，请你到我的笼里来。"小鸟说："不！不！我不吃你的饭，也不喝你的水。我爱自由和劳动，不愿关在你的笼子里。"

再如第二十八课《小猫想吃青蛙》，通过"公鸡"和"小羊"之口，传递给孩子们"青蛙是益虫"的观念：

小猫很馋，捉到一只青蛙，想吃青蛙的肉，公鸡跑来说："青蛙是弱小的动物，我们应援助他，不可欺侮他！"小羊跑来说："青蛙是有益的动物，我们应该保护他，不可害他。"小猫不能违背大众的意见，只得把青蛙放走。

再比如第二十七课《我叫蚯蚓》，以蚯蚓的口吻介绍自己"会造肥料会耕田，农人和我结朋友"；还有《不抵抗的猪》《蝙蝠》等课文，通过"猪一见狼，很害怕，不敢抵抗，狼就把猪吃了"和"以后鸟和兽都知道蝙蝠是两面派，谁也不理他了"的故事结局，表达了对国民党的嘲讽。

四、"课本"相关的其他问题

（一）出版机构及时间

根据"课本"版权页中信息得知，该书是在1944年7月版本的基础上于1946年1月再版而成，由当时的晋察冀边区行政委员会冀热辽区行署小学课本编审委员会编纂、晋察冀边区行政委员会冀热辽区行署出版、冀热辽区行署第十四专署顺义县政

府教育科印刷厂翻印。

其中，作为"课本"出版机构的晋察冀边区行政委员会冀热辽区行署，是晋察冀边区于抗日战争后期在冀热辽区设立的抗日民主政权机关。1943年7月，晋察冀边区第十三专署改建为晋察冀边区行政委员会冀热边特别区行署，隶属晋察冀边区行政委员会。1945年1月，改称冀热辽行政公署。12月，冀热辽行政公署改称冀东区行署⑭。另据《北京革命史大事记1919—1949》记载，1944年7月，三（河）通（县）顺（义）联合县成立。9月30日，晋察冀边区行政委员会决定设冀晋、冀察、冀中、冀热辽4个行署。1945年1月上旬，中共冀热边特委改称冀热辽区党委，冀热辽军区和行署同时成立。1946年2月，中共冀热辽区党委14地委、冀热辽行署14专署决定：撤销三（河）、通（县）、顺（义）联合县，建立单一县制。新建的东部顺义县委和县政府，归冀热辽区党委14地委和冀热辽区行署14专署领导⑮。

根据上述材料推断，最迟应该是冀热边特别区行署成立后，抑或是与此同时，其下设的相关部门即开始着手进行课本的编写工作。1946年再版时课本的内容应也有过相应的调整，第三十五课《海棠叶》中"现在日本鬼子投了降"一句，说明这篇课文有可能是再版时新增加的，抑或是根据时局形势对文中的语句做出了修改。另外，版权页中"冀热辽区行署第十四专署顺义县政府教育科"的记载，证明该"课本"应是在1946年2月，即单一县制的顺义县成立之后所翻印。

（二）"课本"名称背后的学制沿革

"课本"名为《初小国语课本》，"初小"，即"初级小学"，与"高级小学"相对应。1912年9月，中华民国政府教育部公布了《学校系统令》，至次年8月又陆续公布了《小学校令》等各级学校令及学校规程，最后综合为一个统一的学制系统。在该系统中，初等教育被分为

初级小学和高级小学，年限分别为4年和3年。1922年，北洋政府公布了《学制改革案》，参照美国的学制划分，将初等教育的年限调整为6年（初级小学4年，高等小学2年）。这个新的学制在当时得以长期沿用，构筑了一个多样化、生机蓬勃的教育格局⑯。根据地政府大体也使用了这个新的学制，但也根据实际情况灵活调整，小学有的是五年制，有的是六年制。晋察冀边区曾在1940年规定"小学修业年限定为6年，初级4年，高级2年。学龄由7周岁至12周岁"⑰。按刘松涛等编写的晋察冀边区《初小国语课本》"编者的话"中所述，该套课本共8册，一至四册供初小一、二年级用，五至八册供初小三、四年级用。据此推断，中心藏"课本"的使用对象应为初小二年级的小学生，"课本"的语言"浅明生动、趣味化、儿童化"也就不难理解了。

（三）教材翻印相关问题

"课本"版权页的明显位置印有"欢迎翻印"字样，也从一个侧面反映出抗战期间根据地教材印制的不足。1937年4月，党中央在延安成立新华书店，承担着党的书报刊出版发行任务，而教科书也是由各地新华书店统一发行。但受当时客观条件所限，由新华书店印刷发行的教科书很难全面覆盖各根据地，因此，允许各地对教材进行翻印。并且，各边区"政府附设的出版机关，有计划地印制各种教材课本，改善发行办法，保证学生都有书可读，并根据教学经验，逐步修订课本内容，使更适合于边区农村的实际需要"⑱。在这种情况下，各地在翻印教材时可能会结合当地实际情况作适当调整。

五、小结

中国共产党正是通过教科书这一广泛的宣传媒介对根据地的民众传播共产党的无产阶级思想、宣扬共产党的理念，最终赢得广大人民的支持。小小的一本教科

书，在其中发挥了重大的宣传作用。

　　教科书的编撰和使用过程就是一个影响编者和读者意识形态的过程，在这个过程中，共产党的意识形态和道德标准逐渐为民众所接受，变为民众的行为准则和规范，并使之在思想意识方面和共产党保持了高度的一致。正如有学者指出："共产党已经成功在根据地的农民心中确立了自己牢不可破的正统感，等于是瓦解了当时还是正统国家政权的代表者国民政府的权威，到了1945年抗战胜利时，在根据地农民心中，蒋委员长的地位已经被毛主席完全取代了。"[19]

　　①中国大百科全书编辑委员会：《中国大百科全书·教育》，中国大百科全书出版社，1985年。

　　②王建军：《中国近代教科书发展研究》，广东教育出版社，1996年。

　　③毕苑：《中国近代教科书研究》，北京师范大学博士学位论文，2007年。

　　④李晓晨、黄存林：《简论河北抗日根据地的教育事业》，《邢台学院学报》2003年第6期。

　　⑤董纯才主编：《中国革命根据地教育史》，教育科学出版社，1991年。

　　⑥李国钧、王炳照：《中国教育制度通史》，山东教育出版社，2000年。

　　⑦曹剑英、刘茗、石璞、谢淑芳：《晋察冀边区教育史》，河北教育出版社，1995年。

　　⑧参见刘茗：《抗日战争时期晋察冀边区的成人教育》，《河北成人教育》1995年第6期；何黎萍：《中国共产党革命根据地妇女教育特征考察》，《安徽史学》2006年第3期；包爱芹：《敌后抗日根据地的干部教育》，《山东师范大学学报》2002年第6期。

　　⑨参见居寅：《晋察冀边区中小学教育初探》，《河北学刊》1985年第1期；李寅：《晋察冀抗日根据地的小学教育》，《博物馆丛刊》1993年第8期；谢庆宾：《抗战时期晋察冀边区小学教育初探》，《延安大学学报（社会科学版）》2010年第2期。

　　⑩皇甫束玉、宋荐戈、龚守静：《中国革命根据地教育纪事（1927.8—1949.9）》，教育科学出版社，1989年。

　　⑪谢忠厚：《晋察冀边区军政民代表大会研究》，《军事历史研究》2015年第3期。

　　⑫王谦主编：《晋察冀边区教育资料选编·教育方针政策分册（上）》《晋察冀边区教育资料选编·初等教育分册（上）》，河北教育出版社，1990年。

　　⑬延安时事问题研究会编：《抗战中的中国文化教育》，上海人民出版社，1957年翻印。

　　⑭中国中共党史学会编：《中国共产党历史系列辞典》，中共党史出版社、党建读物出版社，2019年。

　　⑮中共北京市委党史研究室：《北京革命史大事记1919—1949》，中共党史资料出版社，1989年。

　　⑯石鸥：《民国中小学教科书研究》，湖南教育出版社，2018年。

　　⑰石鸥、吴小鸥：《简明中国教科书史》，知识产权出版社，2015年。

　　⑱河北省新闻出版局出版史志编委会：《中国共产党晋察冀边区出版史》，河北人民出版社，1991年。

　　⑲石鸥：《红色星火：中国革命根据地教科书》，广东教育出版社，2016年。

（作者单位：北京市文物局综合事务中心）

北京市文物局综合事务中心藏《北行漫记》刍议

韩建识

随着世界范围内反法西斯战争的逐步胜利，中国共产党在国际上的影响力日益增强，但国民党从1939年起对陕甘宁边区实行严密的军事、经济、新闻封锁，禁止任何外国记者访问中国共产党所辖区域，造成了外国记者迫切想了解抗日根据地的真实情况。在外国记者的一再要求下，1944年4月，国民党当局被迫同意组织"中外记者西北参观团"访问延安。1944年5月至10月，美国合众社和伦敦《泰晤士报》记者福尔曼（Harrison Forman）参加了这次访问。1945年福尔曼将这次对西北革命根据地实地采访的所见所闻撰写成专著在美国出版，原书名为 *Report From Red China*（中译名为《来自红色中国的报道》，又名《北行漫记》《中国解放区见闻》）（图一）。福尔曼是中外记者西北参观团中出版著述的第一人[①]，该书向全世界真实报道了中国共产党领导人民抗战的实况。北京市文物局综合事务中心藏有福尔曼著、陶岱译《北行漫记》，该书为1946年8月燕赵社出版（图二）。

一、陶岱译《北行漫记》版本研究

（一）民国时期《北行漫记》中译版本比较

1945年《北行漫记》英文版由纽约亨利霍特公司出版，该书中的64幅照片由上海书报社于1946年1月出版，画册名为

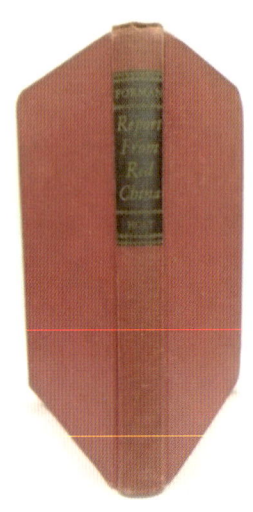

图一 福尔曼著《北行漫记》书影
（纽约亨利霍特公司1945年出版）

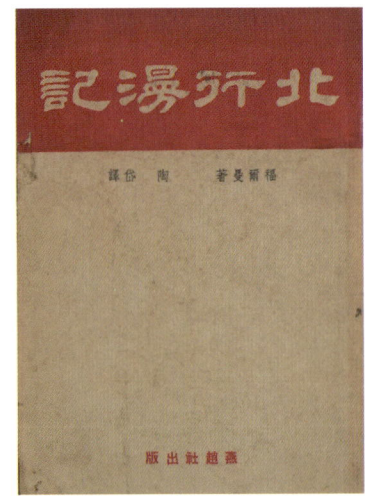

图二 陶岱译《北行漫记》书影
（燕赵社1946年8月出版）

《西行漫影》（图三），所收照片下有中英文说明。1946年2月，朱进将福尔曼原著

图三 画册《西行漫影》书影
（上海书报社1946年1月出版）

图四 朱进译《中国解放区见闻》书影
（重庆学术社1946年2月出版）

译成中文，由重庆学术社出版，书名为《中国解放区见闻》（下文简称"朱进译本"）（图四）。1946年8月，福尔曼著、陶岱译《北行漫记》由北平燕赵社出版（下文简称"陶岱译本"）。

朱进译本为节译本，只保留了原著29章中的16章，且朱进译本与福尔曼原著的章节排版次序也不相同。陶岱译本与福尔曼原著章节排版次序、文字内容基本相同，两书都包括29章正文和附录1。陶岱译本比朱进译本多13章和附录，这些多出的章节是：第三章"到克难坡去的路"、第四章"克难坡"、第十章"医药与巫术"、第十六章"地下战争"、第十七章"大丘地之战"、第十八章"河北的女英雄"、第二十三章"到前线去"、第二十四章"华

北的子弟兵"、第二十五章"在日军阵线后方"、第二十六章"爆竹的乡村"、第二十七章"高山上"、第二十八章"汾阳之战"、第二十九章"进攻娄烦"、附录日本人民解放同盟纲领草案。通过对照朱进译本与原著章节，可以发现在内容方面也有所删节，并且出现了许多数据错误②，陶岱译本则较好地反映了福尔曼原著的原貌，具有重要的文献价值。

燕赵社出版的《北行漫记》因宣传了中国共产党领导人民英勇抗战的实况，1947年11月遭到了重庆国民政府的查禁③。2002年7月21日《北京日报》发表了《孤本〈北行漫记〉在陕西被发现》一文，反映了该版本的珍稀程度。经笔者调查，目前该版本存世量较少，仅见吉林省图书馆、沈阳市图书馆等有馆藏。我中心藏陶岱译《北行漫记》是福尔曼原著中文全译本，且为初版，具有较高版本价值。

（二）陶岱译《北行漫记》初版的不足之处

陶岱译本在初版刊行时存在一些漏字和页码错乱问题。如陶岱译本第23页左数第5行"景色"与"壮"之间漏掉一个"雄"字；第31页左数第2行"目前一共有四千个商"与"在制造纸张"之间漏掉一个"人"字；第40页左数第25行"和初步的野"与"工事"之间漏掉一个"战"字；第31页误标为33页；第32页误标为30页。

还有，比对陶岱译本与1945年纽约亨利霍特公司出版福尔曼原著（以下简称"原著"），也能发现一些翻译错误。如陶岱译本第6页第14行"动员的人数为362"之"362"，据原著应为"392"；第29页第2行"如果拿我在更安铺看见的那些穿的好"之"更安铺"，据原著应为"克难坡"；第66页第8行"在1943年达到了自给自足97.5%"之"97.5%"，据原著应为"79.5%"；第92页第15行"刘百齐早期革命时代的年青煽动家刘子丹的父亲"之"刘百齐"，据原著应译为"刘培基"；第97页第6行"美联社与路透社

用莫尔斯电码发出的新闻广播"之"美联社",据原著应译为"合众社";第111页第9行"我被派到北平东南的长辛店的警犬训警学校去任职"之"东南",据原著应译为"西南",等等。尽管如此,陶岱译本仍有极高的史料价值。

二、陶岱译《北行漫记》的史料价值

(一)《北行漫记》向世界展示中国共产党领导人民积极抗战的史实

国民党当局对中国共产党领导的抗日根据地的舆论封锁,使福尔曼心中充满了疑问:"究竟封锁线的后面发生了什么?这些共产党果真像政府当局所形容的那样坏吗?""他们可曾拒绝打日本?""他们是不是压迫着人民?""他们在双重封锁的后面,怎样地维持下去——一面是日本而另一面是中央军的封锁?""在抗日战争中,他们曾经或能够尽怎样的贡献?"[④]国民党宣传说:"过去六年,共产党没有和日本人打过一次仗……"[⑤]

福尔曼在解放区的见闻戳穿了国民党当局的谎言。在晋绥抗日根据地,他观看了八路军拔除日寇据点的激烈战斗。他近距离观察了汾阳之战——八路军焚毁了日军飞机场、袭击了电力厂、破坏了公共汽车站、袭击了自来火厂(火柴厂)、攻占了汾阳城东门外一处日军据点,还看到了八路军炸毁娄烦据点战斗。在南泥湾三五九旅,福尔曼看到了八路军对日作战中缴获的来福枪、机关枪、手榴弹和迫击炮等军械。在晋绥抗日根据地八分区,他与新抓获的5个日军俘虏进行了谈话。汾阳之战结束后,他亲眼见到了八路军缴获的各种各样的战利品——来福枪、机关枪、剑、帽盔、电话、战旗、毛毯、大衣等及被俘的2个日军、约50个伪军。在去晋绥抗日根据地路经的陆军医院中,他看到了很多同日军作战时受伤的八路军。也就是说,他亲眼看见了八路军同日军英勇作战,缴获了大批武器,捉住了俘虏,也看到了八路军的伤兵,国民党的诽谤言论不攻自破,事实证明中国共产党领导军民在英勇抗击日本侵略者。

福尔曼在书中讲道,八路军及新四军合并起来占全中国对日兵力的1/15弱,共产党军队却与49.5%[⑥]的在华日军作战,以及约近80万的伪军中超过90%的军队作战。在战争的7年中,共产党打了92000次以上的仗,毙伤了110万的日伪军,俘虏了15万的敌人。缴获物中包括32万支来福枪、9000挺机关枪、600[⑦]尊大炮及一大堆杂色的军器,如战壕中用的臼炮、手榴弹投掷器、子弹、无线电、电话机等。55个日本高级军官被击毙,其中除大佐与少佐以外,包括1个中将与7个少将[⑧]。共产党领导人民在敌后恢复了837000平方千米的中国领土,解放了9000万人民,建立了由人民选举出来的包括各阶级的地方政府[⑨]。中国共产党领导的八路军、新四军和其他人民武装成为全民族抗日战争的中流砥柱。

共产党领导的军队开展生产运动,军队与人民之间建立了鱼水深情。福尔曼说:"生产运动不限于人民,军队也参加的。这或者是八路军独有的特色。像我所知,世界上没有一支军队有这种规模,而且这对于军队与人民的合作无疑的是最重要的因子。观光八路军的人都不怀疑这种军民的团结,使得八路军就能够保有不可思议的作战的锐气。他们必须临阵夺武器来作战。自从1939年经济和军事的封锁实施之后,八路军——有正规军57万人(就1944年10月而言)得不到重庆的中央政府一发的子弹,一文钱的军饷,一丝一毫的口粮。被封锁被战祸的华北人民支持八路军一定要受到可怕的重压,所以八路军就参加生产运动。一支军队能够这样自助的确就会获得了人民的热烈的维护,也就会建立了良好的军风纪。"[⑩]

中国共产党帮助人民建立自由与民主的抗日根据地,建立民主地方政府,军队纪律严明,这也是共产党得到人民拥护的原因。在同日寇战斗时，人民主动为八路军传递消息、站岗放哨、提供住处、运送伤员。汾阳之战取得胜利后，老百姓用鸡蛋、水果、蔬菜等礼物慰劳八路军[11]，这一切都体现了军民团结，八路军得到了人民的拥护。220万民兵"是华北和华中抗日根据地上一切抗日战争的骨干。他们是共产党领导下的武装的民众力量"。福尔曼说："如果有人要问人民究竟对共产党怎样看法，那么，这就是最好的回答，因为武装了的民众决不会忍受一个不得民心的政府，或者一个不需要的军队在他们中间存在的。"[12]

（二）《北行漫记》总结了中国共产党为什么能领导人民取得抗战胜利

福尔曼在《北行漫记》一书中谈道，为取得抗击日寇的胜利，中国共产党领导抗日根据地人民在经济、政治、军事、文化等方面采取了一系列措施。

1. 在经济上，为打破国民党对抗日根据地的封锁、获得补给，抗日根据地开展了大生产运动，每人都参加劳动，进行劳动竞赛。边区通过实行变工队制度，提高生产效率。改造无赖、游民、二流子，帮助他们自食其力。难民也领到了田地，成为自给自足生产者。军队也参加生产运动，还成立合作社，抗日根据地军队做到了自给自足。生产运动使边区军队、政府和党的工作人员生产了他们自己衣食的64%，并且快要达到完全自给自足，这减轻了人民的负担[13]。福尔曼说，南泥湾王震三五九旅的七一八营，是他"所看到的军队当中营养最好的军队"[14]。

为了发展经济，改善农民生计，抗日根据地实行减租减息。抗日根据地并不没收地主的土地，而是劝告地主减租达到合理的数量，同时向他们保证这些降低后的地租一定由佃户正常地交给他们[15]。

为鼓励工业发展，边区政府并不限定于设立国家企业，政府鼓励私人企业和合作事业[16]。在经济上鼓励竞争，并且在一个互利的协议之下，准许并且欢迎在中共控制区域中的工商业的外国投资[17]。多种经济成分并存促进了边区经济发展。

为打破国民党对边区实施的经济封锁，边区政府发行了自己的钞票，还努力发展油田和生产食盐等[18]。生产的食盐居边区"出口"第一位。

2. 在政治上，实行"三三制"，建立民主联合政府。陕甘宁边区建立了普选出来的民主政权。1941年，选举方法修改为新的"三三制"——其方法就是共产党限制自己党员被选人数只能占1/3，余下2/3的政府职位留给非共产党的各阶级及各民族（即蒙古族、回族等）"抗日民主的"人。如果选举的结果，被选的共产党员在1/3以上，那么他们就自动放弃[19]。"三三制"是中国共产党在抗日战争时期的统一战线的政权政策。在政府组织中采用"三三制"，限制任何一党专政的可能性，民主政府的人员包括地主、商人、资本家、小市民，以及工农[20]。"三三制"对于孤立顽固势力、发展进步势力、争取中间势力、打败日本侵略者发挥了重要作用。

3. 共产党重视文化，号召文化工作者为抗日战争服务。《北行漫记》一书中谈到，毛泽东要求文化工作者必须适应新的状态，一个新的社会——一个由农夫、工人、兵士组成的新民主的社会。文艺工作者必须深入民间，学习他们的语言作为表演的媒介，学习他们的情感、他们的地方风俗习惯作为素材内容。文化工作者的责任是把他的天才贡献给为战争而努力。必须做老百姓自己能够接受的熟悉的形式。应该把人民传统的音乐、艺术、文字和戏剧当作基本的形式而注入新的战时的内容[21]。在抗日根据地，文艺工作者用戏剧教育民众破除封建迷信，还通过创作秧歌等艺术形式教育人民、鼓舞军民的抗战士气。

4. 在军事上，实行灵活多变的作战方式，采取了地道战、地雷战及壕沟战、麻雀战等多种战术，粉碎了日寇的"蚕食"政策[22]。晋察冀根据地军民还利用环节蚯蚓战、心理战、水上游击战等战法打击日军[23]。共产党的军队有严格的纪律，有政治信仰，军官与士兵之间有良好的关系。因此解放区的面积不断增大，人民的抗日武装逐步增强。八路军注意组织和发动群众，与民兵、游击队合作抗击日军，八路军赢得了人民的尊敬和合作，人民的支持成为共产党领导的抗日战争取得胜利的保障。

（三）《北行漫记》保留的其他史料

《北行漫记》一书中"大丘地之战""在日军阵线后方""爆竹的乡村""汾阳之战""进攻娄烦"等篇章，给世人留下了中国军民英勇抗击日寇弥足珍贵的第一手资料。书中还讲述了皖南事变的真相。

《北行漫记》还通过日本人民解放同盟的会员之口讲述了日寇残害中国平民的种种暴行。如七七事变后，日本侵略者为了镇压中国人民的反抗，在长辛店建立了一所骇人听闻的驯养洋狗基地，专门用来咬吃中国人，狗队的番号叫"加藤部队"[24]。书中讲道：1941年7月的一天，在北平西南的长辛店的警犬训警学校，日军将近50个中国平民关进高墙垣的天井中，日本兵沿墙布岗。加藤少佐一声令下，天井边缘的一扇小门应声打开，一群牙齿锋利的狗跳出来直奔向那些惊呼的中国人，向着他们的喉咙咬，他们想用拳头来击退它们。受伤冒出来的血，使那些狗更加凶猛，它们残忍地把他们撕成碎块。最后，所有的中国人肢体残缺地死在地上，吃饱了的狗，才被引开[25]。

三、结语

福尔曼通过参加中外记者西北参观团，实地访问了延安、陕甘宁边区、晋西北抗日根据地，采访了毛泽东等中共领导人和普通民众，甚至亲自到战场观看八路军作战，看到了中国共产党在领导人民积极抗战，八路军赢得了人民的支持。《北行漫记》对延安及陕甘宁边区的政治、经济、文化教育等进行了客观介绍，向全世界真实报道了中国共产党领导军民英勇抗战的实况，驳斥了国民党的种种不实言论，同时也深刻揭露了日寇的种种暴行。《北行漫记》的报道，使中共抗战赢得了国际友人的援助，有力支援了中国人民的抗日民族解放事业。

①李良志：《珍贵的书　可敬的人（代序）》，[美]福尔曼著、陶岱译《北行漫记》，解放军文艺出版社，2002年6月，第12页。

②郭毅、张奇：《抗战时期驻华记者回忆录中译本：当代意义、现状与问题》，《出版发行研究》2020年第8期。

③《四川省政府公报》第504期，1947年12月26日至31日，第16页。

④[美]福尔曼著、陶岱译：《北行漫记》，燕赵社，1946年8月，第1—2页。

⑤[美]福尔曼著、陶岱译：《北行漫记》，燕赵社，1946年8月，第9页。

⑥陶岱译本为"45.9%"，据福尔曼原著更正为"49.5%"。

⑦陶岱译本为"6000"，据福尔曼原著更正为"600"。

⑧[美]福尔曼著、陶岱译：《北行漫记》，燕赵社，1946年8月，第118页。

⑨[美]福尔曼著、陶岱译：《北行漫记》，燕赵社，1946年8月，第179页。

⑩[美]福尔曼著、陶岱译：《北行漫记》，燕赵社，1946年8月，第65页。

⑪[美]福尔曼著、陶岱译：《北行漫记》，燕赵社，1946年8月，第228页。

⑫[美]福尔曼著、陶岱译：《北行漫记》，燕赵社，1946年8月，第196页。

⑬[美]福尔曼著、陶岱译：《北行漫记》，燕赵社，1946年8月，第76页。

⑭⑯[美]福尔曼著、陶岱译：《北行漫记》，

（下转第37页）

北京市文物局综合事务中心藏李新农校本《新民主主义论》版本研究

高丽丽

《新民主主义论》是毛泽东在1940年1月9日的陕甘宁边区文化协会第一次代表大会上的长篇演讲稿，原题目为《新民主主义的政治与新民主主义的文化》。1940年1月20日，《新中华报》以新闻通稿的形式刊登了约2000字的摘要，题目为《毛泽东同志讲演——新民主主义的政治与新民主主义的文化》[1]。2月15日延安出版的《中国文化》创刊号上首次公开发表了这篇文章，题目为《新民主主义的政治与新民主主义的文化》。2月20日出版的《解放》第98、99期合刊也刊载了这篇文章，将题目改为《新民主主义论》，同时文内各章节增加了小标题。同年3月，解放社出版了《新民主主义论》的第一个单行本。《新民主主义论》是新民主主义革命的纲领性文献，其发表标志着中国共产党的"新民主主义"理论体系的完善。北京市文物局综合事务中心收藏有22种版本的《新民主主义论》单行本，共计26册，其中李新农校本的版本较为特殊，本文将对此书展开研究。

以往学者对《新民主主义论》的版本已经做过种类介绍和校勘修改的研究。蒋建农等[2]、张曼玲[3]对《新民主主义论》版本种类做了介绍性研究；方敏[4]对《新民主主义论》进行多种版本的校勘研究，着重考察了毛泽东对《新民主主义论》的三次修改，分别是1940年2月、1942年春、1952年4月。毛泽东在不同时期对《新民主主义论》的修改，表明毛泽东思想是个不断发展的过程；康沛竹等[5]、韩晓青[6]等对《新民主主义论》的内容及意义做了深入研究；程美东、裴植[7]、李晓宇[8]等对《新民主主义论》在1949年以前的传播、反响做了深入研究。以上研究未涉及李新农校本版本的相关内容，这是本文将重点研究的问题。

一、中心藏《新民主主义论》版本特征

北京市文物局综合事务中心藏民国年间出版的《新民主主义论》单行本26册，共计不同版本有22种（图一），以及1种毛泽东著作合订本和1种毛泽东著作专题汇编本。

中心藏《新民主主义论》单行本包含1945年9月苏中出版社版、1946年3月解放社再版、1948年12月冀东新华书店翻印版、1949年4月香港新民主出版社五版等15种有出版日期的版本，还包含7种版本单行本由于出版信息不全或版权页缺失等各种状况导致出版日期不详。另有合订本《毛泽东三大名著》是毛泽东《论持久战》《论新阶段》和《新民主主义论》三大名篇的合订本；汇编本《论中国革命》是毛泽东关于政治论述的专题文集，收录8篇文章，其

图一 中心藏《新民主主义论》单行本

中包含《新民主主义论》。

（一）原收藏个人（单位）痕迹明显

许多藏品在封面或扉页上都附有原收藏单位的印章和原收藏者的印鉴或签名，有的藏品还附有原收藏者的读书笔记。

（二）印刷及版式

中心藏《新民主主义论》皆为1949年10月新中国成立前的出版物，版式为繁体竖版，用纸则多为机造纸和毛边纸，质地略脆，韧性较差，均为铅印平装本。

（三）传播范围广

中心藏《新民主主义论》各版本遍布全国各地，亦有发行量较少的稀见版本以及未注明出版单位的印刷品。

从中心藏《新民主主义论》的出版情况来看，在15种有出版单位的《新民主主义论》中，新华书店及各地分店出版的最多，有7种；在15种有出版年代的《新民主主义论》中，1949年出版的最多，有12种。而根据出版年代和出版地统计分析得知，中心藏的《新民主主义论》均在解放区或解放后出版发行，包括以延安为代表的解放区、1949年1月和平解放后的北平等地。

二、李新农校本《新民主主义论》

在中心藏众多版本的《新民主主义

论》中，有一种版本较为特殊（图二）。出版日期、出版单位和定价不详，正文49页，繁体竖版，32开。封面采用外红内蓝的线框装饰，框内上边横排红字的书名，下边印有蓝色的作者名和毛泽东半身像。该版有批注与题注，讹误较多，无勘误表，应为当时出版条件所限。下面详细介绍该版本。

（一）李新农批注

封三钢笔批注"白求恩国际和平第一医院李新农／石家庄——托儿所周颖"字样（图三）。

1. 李新农与白求恩国际和平医院

藏本题名的李新农（1911—1983）戎

图二 李新农校本《新民主主义论》

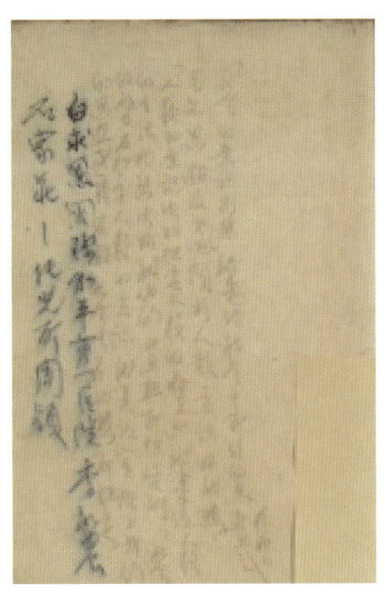

图三 封三李新农批注

马一生，抗战时期有勇有谋地做国民党军队的统战工作，带领八路军太南办事处开展情报工作，解放战争时期和新中国建设时期在医疗战线鞠躬尽瘁。

据《书生革命》中记载：李新农少年时期曾去日本留学，"九一八"事变后愤然回国投身抗日救亡运动；1935年8月开始参加党的革命活动，以在北平开医院的身份掩护中共地下党工作，负责联络北平上层知识分子参加共产党领导组织下的抗日；1937年北平沦陷后奔赴抗日战争前线，中共党组织安排李新农进入国民党冀察战区鹿钟麟部开展抗日民族统一战线工作；1939年4月，奉调到驻山西黎城的第十八集团军一二九师师部，任一二九师暨晋冀鲁豫边区总部参议，在刘伯承师长亲自领导下负责对国民党的统战工作；1940年1月，加入中国共产党；1941年9月，中央军委决定在各战略区成立情报组织，李新农任太行第四军分区情报处处长；1942年初，任第18集团军驻太南办事处主任；1942年至1945年，李新农继续从事统战工作，并负责情报工作；1945年8月调晋冀鲁豫军区司令部任交际处长；1947年与钱信忠、刘和乙创办晋冀鲁豫军区医学院⑨。

1948年5月华北军区成立后，为了适应解放战争形势的发展，完成大量的伤病员救治任务，华北军区卫生部决定，在石家庄市西部原来日本军医院的基础上，将原晋察冀军区白求恩医科大学附属医院与原晋冀鲁豫军区北方大学医学院附属医院合并，重新组建我军第一个能容纳800个床位的现代化正规医院——白求恩国际和平医院。李新农负责组织新医院的筹建工作⑩。李新农担任白求恩国际和平医院院长期间尽职尽责，修建医院、解决医疗装备、选聘各科教授、调整改进医疗制度，医院最终于1948年10月正式开院并接纳伤病员。

据《半个世纪：白求恩国际和平医院简史（1937—1987）》中记载："1948年7月—10月，在钱信忠院长、李新农副院长领导下，开始了医院正规化建设。"⑪《白求恩国际和平医院六十年大事记（1937—1997）》中记载："自1948年5月起，为修建医院，组织了建设委员会，由李新农副院长负责，抽调工作人员和学员参加劳动。"⑫从白求恩国际和平医院的两段史料也可以看出李新农负责了医院组建工作。

2. 石家庄保育院

关于石家庄保育院，在《石家庄市教育志（1902—1988）》中记载："1948年4月，石家庄市人民政府在郊区赵陵铺设立保育院，收养战争中失去父母的孤儿和干部子女中的婴幼儿数十人，由国家供给全部生活费用，食宿均在院内。同年秋，石家庄不断遭到国民党飞机的轰炸，盘踞在北平的国民党军又企图来犯，保育院先迁衡水，后又迁到藁城，1949年春，始迁回石家庄。保育院初建时期，保教人员多系干部家属或招用的社会妇女，文化水平偏低，所收容的儿童年龄差异又大，难以施行正规的编班上课，只能进行一般的教养和保育。"⑬

3. 批注内容

李新农在本书中有多处批注，有眉批和旁批，分别用蓝、红、黑三种颜色批注，繁简掺杂，共有57处之多，另有标记圈、点、竖线等。在历次战争、革命运动旁标注发生年代，如在"'一二九'运动"旁标注"1935.12.9塘沽何梅协定之后学生运动"。

封三有铅笔批注，批注如下："'社会的意识形态'就是说社会中所行的思想上精神上之主义思潮及其他关于人类意识的状态。'人类的意识决非规定人类的存在的'就是说人类的生活状态决非被他们的思想所规定的。'社会的存在反规定人类的意识'就是说实际上我们的思想感悟反被生存状态所规定。"（图三）这段话是李新农从马克思《经济学批评》一书的译本中摘录出来的，出自范寿康的《马克思的唯物史观》中对马克思《经济学批评》序言的译注⑭。

在《新民主主义论》第三章"中国历史的特点"中毛泽东引用马克思的话："不是人们的意识决定人们的存在，而是人们的社会存在决定人们的意识。"⑮马克思主义认为，社会存在决定社会意识，社会意识是社会存在的反映。同时社会意识对社会存在具有能动的反作用。毛泽东之后指出："这是自有人类历史以来第一

次正确地解决意识和存在关系问题的科学的规定，而为后来列宁所深刻地发挥了的能动的革命的反映论之基本的观点。我们讨论中国文化问题，不能忘记这个基本观点。"⑯这是毛泽东在具体阐述新民主主义政治、经济、文化内容之前，运用了历史唯物主义的基本原理，之后阐述了政治、经济、文化之间的辩证关系⑰。李新农在此摘录马克思的话，与他读到《新民主主义论》中对毛泽东阐述马克思主义存在与意识关系原理而有所感悟相关。

4.李新农校订部分

本书未经校对，错讹较多，但不影响文章大意。李新农共校订出了15处错讹（表一），有在错字旁修改或覆盖于错字上修改的字样，有些字错误仅为印刷错误或编校错误。

本书目录页排列十四篇文献，无序号。李新农用黑笔标注目录十五篇的序号，目录比正文少一篇，补写目录第二篇"（二）我们要建立一个新中国"，书中各章节小标题前标注序号。

本书"在'五四'以后，学校与科学之争，新学与旧学之争，大学与中学之争，都带着这种性质"改为"在'五四'

表一 李新农对《新民主主义论》的修改表

页	误	正
目录页	（缺）	我们要建立一个新中国
2	社会意义	社会意识
9	有什么意义呢	会有什么意义呢
16	反动敌人	反对敌人
25	与别于任何别的思想	区别于任何别的思想
28	两个阶级	两个阶段
34	新三民主义与文化	新民主主义的文化
35	资产阶级	小资产阶级
36	资本	基本
37	学校与科学之争	学校与科举之争
37	大学与中学之争	西学与中学之争
40	杰出为历史意义	杰出的历史意义
40	是世界当时革命	是在世界当时革命
44	叶青等	叶青、张君劢等
47	这不是	这不但是

以前，学校与科举之争，新学与旧学之争，西学与中学之争，都带着这种性质"。这种阐述历史时期出现的错误会与原文思想内容相矛盾。

根据李新农对《新民主主义论》修改判断，李新农应是以1940年2月《解放》版为底本对照校订修改的。

（二）版本探析

1. 李新农校本与1940年解放社初版对比异同

解放社的出版物在当时最具有权威性，各地关于中共中央和包括毛泽东在内的一些重要领导人著作的出版物一般都是以解放社

的版本为底本进行翻印的。1940年2月20日《解放》版与1940年3月解放社初版是《新民主主义论》早期影响力较大的版本。故选择《解放》版与解放社初版的《新民主主义论》和李新农校本进行对比。根据对比，发现李新农校本不仅有解放社初版的讹误，还包含其他的讹误现象，标点符号也多与解放社初版的《新民主主义论》相似。本节与下一节旨在以中心藏的李新农校本《新民主主义论》为底本，与解放社初版及《解放》杂志版进行校勘。

与解放社初版对比不同的地方有45处（表二）。

表二　李新农校本版与解放社初版对比

序号	李新农校本版		1940.3解放社初版[18]	
	页	内容	页	内容
1	目录页	缺	目录页	我们要建立一个新中国
2	目录页	新三民主义与文化	目录页	新民主主义的文化
3	3	乃是在于	3	乃在于
4	3	封建政治	4	封建的政治
5	5	"五四"运动	5	"四五"运动
6	5	多个别的阶级	5	多个别的阶段
7	6	任何殖民殖地半民地国家	6	任何殖民地半殖民地国家
8	8	关于论殖民地的革命	8	关于论殖民地半殖民地的革命
9	8	脱离了范畴	8	脱离了旧范畴
10	8	改变了无产阶级	8	改变成了无产阶级
11	9	有什么意义呢	9	会有什么意义呢
12	11	民主革命政治指导者	11	民主革命的政治指导者
13	15	正在这各资本主义	14	正在各资本主义
14	16	反动敌人	16	反对敌人
15	18	耕者于其田	17	耕者有其田
16	22	好伙家	21	好家伙
17	22	自寻死道路	21	自寻死路
18	24	打伙儿开了个会	23	打伙儿的开了个会
19	25	与别于任何别的思想	24	区别于任何别的思想
20	28	两个阶级	26	两个阶段
21	30	他说在改取	29	他现在改取了
22	31	如联共，就要反共	29	如不联共，就要反共
23	31	反了共	29	反的了共
24	31	欢喜"共"	30	喜欢"共"
25	34	新三民主义与文化	32	新民主主义的文化
26	35	资产阶级	33	小资产阶级
27	36	资本	34	基本

序号	李新农校本版			1940.3解放社初版⑱		
	页	内容		页	内容	
28	37	在"五四"以后		35	在"五四"以前	
29	37	学校与科学之争		35	学校与科举之争	
30	37	大学与中学之争		35	西学与中学之争	
31	37	严复输入于达尔文的进化论		35	严复输入的达尔文的进化论	
32	37	启孟学者		35	启蒙学者	
33	39	是不是领导的		37	是不能领导的	
34	40	杰出为历史意义		37	杰出的历史意义	
35	40	是世界当时革命		38	是在当时世界革命	
36	40	共产主义思想知识份子		38	共产主义思想的知识份子	
37	42	在一时间中		39	在这一时期中	
38	42	农民群中		40	农民群众中	
39	45	由于现在的		43	由于现时的	
40	45	中国革命与世界资产阶级的社会主义革命的一部分		43	中国革命是世界无产阶级的社会主义革命的一部分	
41	45	世界资产阶级		43	世界无产阶级	
42	47	这不是		44	这不但是	
43	49	大众文化		46	大众的文化	
44	49	人民大的		46	人民大众	
45	49	新民主主义经济		46	新民主主义的经济	

在这45处不同中，除第5处与第24处为解放社版讹误，其余均为李新农校本版讹误。大多不影响文义，与文义相似或略改变文义，但也存在缺字、漏字现象，甚至其中几处讹误与文义相反，如第22、28、41处等。

2. 李新农校本版与1940年2月20日《解放》版相比对

李新农校本与《解放》⑲版相比对发现，除存在与解放社初版的45处不同外，另有8处差异。

李新农校本目录页第十一篇与第十一章节标题为"新三民主义与文化"，《解放》版为"新民主主义的文化"，而解放社初版仅书中章节篇名有此讹误，目录页无。

不改变文义的：第1页"怎样办"，《解放》版为"怎么办"；第5页"原故"，《解放》版为"缘故"；第17页"名符其实"，《解放》版为"名副其实"；第25页"还是正确的"，《解放》版为"这是正确的"。

略改变文义：第2页"社会存在决定社会意义"，《解放》版为"社会存在决定社会意识"；第7页"第一阶级"，《解放》版为"第一阶段"；第43页"工人农民"，《解放》版为"工农人民"；第44页"在文化方面，反映这种情况，就出现了叶青等人的反动和言论出版的不自由"，《解放》版为"在文化方面，反映这种情况，就出现了叶青、张君劢等人的反动和言论出版的不自由"。

经过对比，李新农校本与解放社初版更为接近，有相同的编辑排版过程中产生的差错。

3. 李新农校本版出版日期考证

本书由于没有出版信息导致出版日期和出版单位不详。而根据李新农封三批注"白求恩国际和平第一医院院长"，以及他的任职时间为"1948年5月—10月任白求恩国际和平医院院长"⑳，推测李新农写下批注时间不晚于1948年10月。前文提到，石家庄保育院建立时间为1948年4月，同年秋因国民党来犯迁出石家庄。《书生革命》中李新农也提到，在1948年10月24日医院接到任务，"驻保定的敌人，准备明后天奔袭石家庄……医院明天就要往衡水备战转移"[21]，石家庄保育院迁出石家庄也在1948年10月24日前后。故本书应于1948年10月前出版。

《毛泽东著作版本编年纪事》收录新中国成立前出版《新民主主义论》单行本246种，其中收录有"新民主主义论 新华书店 1945年 49页 32开"[22]和"新民主主义论49页 32开"[23]，而本书同为49页32开。

《首都图书馆藏革命历史文献书目提要》中收录《新民主主义论》单行本15种，其中收录有"[1940—1949]年。49页，17cm"[24]，书前彩插图"馆藏毛泽东著《新民主主义论》的15个版本"（图四）[25]中亦有一版本封面与本书相同。

《毛泽东早期著作版本精品图录》中收录《新民主主义论》单行本39种，其中收录有"《新民主主义论》。新华书店，1949年5月。32开，44页"（图五）[26]，该版封面与本书相似。

解放战争期间，解放区出版发行事业仍得到了蓬勃发展。为了提高全党全军和全国人民的马列主义水平，各地先后建立的新华书店坚持出版发行工作。在出版的图书中，有许多是按延安解放社的著作重印的[27]。《新民主主义论》就在其列。

故此推断本书亦可能为解放战争期间新华书店按延安解放社的著作重印出版的。

三、《新民主主义论》对李新农的思想影响

《新民主主义论》是新民主主义革命的纲领性文献，其发表标志着中国共产党的"新民主主义"理论体系的完善。

李新农担任白求恩国际和平医院院长期间，研读《新民主主义论》并对其自身的思想产生了影响。

新民主主义的文化主张实事求是、客观真理、理论联系实际。《新民主主义论》中所阐述的实事求是的态度，以及一切从实际出发、理论联系实际的原则构成了中国共产党思想路线的主要内容[28]。

《新民主主义论》提倡"科学的态度是'实事求是'"[29]，"真理只有一个，而究竟谁发现了真理，不依靠主观的夸张，而依靠客观的实践。只有千百万人民的革命实践，才是检验真理的尺度"[30]。毛泽东提出的"实事求是"的态度便是分

图四 首都图书馆藏《新民主主义论》的15个版本

图五 《毛泽东早期著作版本精品图录》中收录的
《新民主主义论》

析和解决问题应具有的态度，他以科学的态度分析了中国的实际问题。"新民主主义的文化是科学的。它是反对一切封建思想和迷信思想，主张实事求是，主张客观真理，主张理论和实践一致的。"[31]李新农学习并贯彻了这一精神。1948年5月，晋察冀、晋冀鲁豫两大解放区合并为华北解放区后，石家庄的政治中心地位逐步确立。1948年10月，国民党傅作义部偷袭石家庄。为保卫石家庄，中央军委立即作出部署。石家庄市内随即掀起战备热潮，紧急动员群众，疏散物资[32]。李新农在《书生革命》中也提到，在1948年10月24日医院接到任务，"驻保定的敌人，准备明后天奔袭石家庄……医院明天就要往衡水备战转移"[33]，李新农作为医院院长，责无旁贷，召集干部连夜布置，往衡水备战转移。而在此期间，也产生了一些问题，如伤病员和医护人员的矛盾。后来李新农自己总结工作教训，"一切从主观愿望出发，不能认真分析、联系实际，及时调查研究，实事求是地确定工作方针"[34]。

《新民主主义论》中体现了研究问题的科学态度和科学方法，为分析和解决问题提供了思想方法的指导。李新农经常阅读《新民主主义论》，书中的多处批注可以说明正是《新民主主义论》为他提供了分析和解决实际问题的思想方法，从而达到深刻自省的目的。

四、结语

通过对我中心藏各版本的《新民主主义论》进行整理，有许多原收藏单位（个人）的印鉴或签名，从出版时间、出版数量、出版地也不难看出，《新民主主义论》在我国的传播范围之广，不仅在根据地和解放区有广泛传播，也对全国当时社会的知识阶层产生了深远影响。此本《新民主主义论》经李新农校对与批注，又因与其他版本文字有较多不同之处，从而使其具有重要的文献价值。

①《毛泽东同志讲演——新民主主义的政治与新民主主义的文化》，《新中华报》1940年1月20日第5版。

②蒋建农等著：《毛泽东著作版本编年纪事（下）》，湖南人民出版社，2003年，第260—261页。

③张曼玲编著：《毛泽东早期著作版本精品图录》，湖南人民出版社，2011年，第165—176页。

④方敏：《毛泽东对〈新民主主义论〉的修改》，《中共党史研究》2006年第6期。

⑤康沛竹、江大伟编著：《〈新民主主义论〉导读（增订版）》，中国民主法制出版社，2018年，第25—122页。

⑥韩晓青：《〈新民主主义论〉导读》，中共中央党校出版社，2018年，第24—114页。

⑦程美东、裴植：《抗战期间〈新民主主义论〉在沦陷区和国统区的传播及反响》，《中共党史研究》2016年第2期。

⑧李晓宇：《民国知识阶层视野中的〈新民主主义论〉》，《毛泽东思想研究》2007年第4期。

⑨⑳李新农：《书生革命》，解放军出版社，2003年，第144—145页。

⑩李新农：《书生革命》，解放军出版社，2003

⑪白求恩国际和平医院史组：《半个世纪：白求恩国际和平医院简史（1937—1987）》，白求恩国际和平医院，1987年，第25页。

⑫白求恩国际和平医院：《白求恩国际和平医院六十年大事记（1937—1997）》，白求恩国际和平医院，1997年，第37页。

⑬石家庄市教育志编纂委员会编：《石家庄市教育志（1902—1988）》，河北教育出版社，1992年，第45页。

⑭范寿康：《马克思的唯物史观》，《东方杂志》1921年第18卷第1期。

⑮⑯《毛泽东选集（第二卷）》，人民出版社，1991年，第664页。

⑰康沛竹、江大伟编著：《〈新民主主义论〉导读（增订版）》，中国民主法制出版社，2018年，第48页。

⑱毛泽东：《新民主主义论》，解放社，1940年。

⑲毛泽东：《新民主主义论》，《解放》1940年第98、99期。

㉑㉝李新农：《书生革命》，解放军出版社，2003年，第77页。

㉒蒋建农等著：《毛泽东著作版本编年纪事（下）》，湖南人民出版社，2003年，第1766页。

㉓蒋建农等著：《毛泽东著作版本编年纪事（下）》，湖南人民出版社，2003年，第1772页。

㉔首都图书馆编：《首都图书馆藏革命历史文献书目提要》，国家图书馆出版社，2013年，第18页。

㉕首都图书馆编：《首都图书馆藏革命历史文献书目提要》，国家图书馆出版社，2013年，书前彩插图。

㉖张曼玲编著：《毛泽东早期著作版本精品图录》，湖南人民出版社，2011年，第175页。

㉗赵生明编著：《新中国出版发行事业的摇篮》，太白文艺出版社，2017年，第221页。

㉘康沛竹、江大伟编著：《〈新民主主义论〉导读（增订版）》，中国民主法制出版社，2018年，第111页。

㉙《毛泽东选集（第二卷）》，人民出版社，1991年，第662页。

㉚《毛泽东选集（第二卷）》，人民出版社，1991年，第663页。

㉛《毛泽东选集（第二卷）》，人民出版社，1991年，第707页。

㉜孙万勇主编：《见证：纪念石家庄解放六十周年新闻作品选编（上）》，河北人民出版社，2008年，第177页。

㉞李新农：《书生革命》，解放军出版社，2003年，第80页。

（作者单位：北京市文物局综合事务中心）

（上接第28页）

燕赵社，1946年8月，第70页。

⑮⑰⑳［美］福尔曼著、陶岱译：《北行漫记》，燕赵社，1946年8月，第174页。

⑱［美］福尔曼著、陶岱译：《北行漫记》，燕赵社，1946年8月，第72—75页。

⑲［美］福尔曼著、陶岱译：《北行漫记》，燕赵社，1946年8月，第53—54页。

㉑［美］福尔曼著、陶岱译：《北行漫记》，燕赵社，1946年8月，第80—81页。

㉒［美］福尔曼著、陶岱译：《北行漫记》，燕赵社，1946年8月，第130页。

㉓［美］福尔曼著、陶岱译：《北行漫记》，燕赵社，1946年8月，第143—148页。

㉔赵润东：《从洋狗队里死里逃生》，北京市政协文史资料委员会编《日伪统治下的北京郊区》，北京出版社，1995年7月，第40页。

㉕［美］福尔曼著、陶岱译：《北行漫记》，燕赵社，1946年8月，第111页。

（作者单位:北京市文物局综合事务中心）

再谈紫禁城三宫殿三所殿区域建筑营缮历史及使用功能变迁

张 典

三宫殿三所殿是北京故宫外西路一组L形古建筑群。三宫殿为慈宁宫以北、寿康宫以西坐北朝南东西排列的西宫殿、中宫殿与东宫殿，整体东西宽约76米，南北长约37米；三所殿为慈宁宫以东坐北朝南南北并置的头所殿、二所殿与三所殿（为与三所殿整体建筑区域作区分，下文简称为后所殿），整体东西宽约20米，南北长约107米（图一）。

相较于故宫其他高等级建筑，学者们对于故宫太后宫区的三宫殿三所殿这一区域的研究相对较少，笔者梳理文献发现目前学者们对于三宫殿三所殿这一整体区域建筑的研究主要集中在对该区域建筑位置、格局以及建成年代与功能的简单论述，还有对该区域建筑彩画的论述。重要的研究成果有单士元先生对明代该区域建筑相对位置及使用功能的推测①；常欣对太后宫区建筑历史沿革、各建筑关系与建筑特点进行分析②；姜舜源在以明清两代太后、太妃人员变化情况为线索介绍紫禁城内东朝建筑演变时提及三宫殿三所殿区域作为清代的东朝建筑在乾隆以后定型③；田园根据清朝内务府奏案记载，梳理了清乾隆年间对太后宫区慈宁宫区的修缮和改建历史④；杨红总结了该区域建筑彩画的类型、等级、纹饰特点、年代及其总体布局⑤。

以上，对于该区域建筑始建至今的营缮历史、使用功能缺乏整体的梳理与总结。笔者依托2018年以来故宫博物院工程管理处对该区域整体勘察工作的具体实践，结合文献档案和图像、影像资料等，再次考证了该区域的完整营缮历史与使用功能之变迁，并结合现场勘测结果，分析了各建筑的现存建筑特征。

一、建筑营缮历史

（一）明代建筑沿革

明永乐初建紫禁城时，乾清宫以西并无三宫殿三所殿，其所在位置彼时为仁寿宫。仁寿宫原为洪武朝后寝六宫之一。《大明会典》载："永乐十五年，作西宫于北京。中为奉天殿……奉天殿之北有后殿、凉殿、暖殿及仁寿、景福、仁和、万春、永寿、长春等宫。十八年营建北京，宫殿门阙悉如洪武旧制。"⑥在北京紫禁城落成之时，杨荣撰《皇都大一统赋》恭颂，其中记曰"若夫乾清之前门列先后，日精月华之对峙，景运隆宗之并构，谨身翼乎其前，仁寿屹乎其右"⑦。由此可见，紫禁城落成之时，乾清宫以西区域为仁寿宫。

明嘉靖时期，《明世宗实录》曾载：嘉靖四年（1525）三月壬辰"夜仁寿宫灾"⑧。八月一日议复建仁寿宫。嘉靖六年（1527）十月"初议兴仁寿宫，工未决，钦天监请及是岁利，以吉日经始，下工部议。工部请先以见材如期举事，令军夫运瓦砾出之外，俟大木踵至，工次第幸可就。上虑旷日持久，徒劳人力，命待大

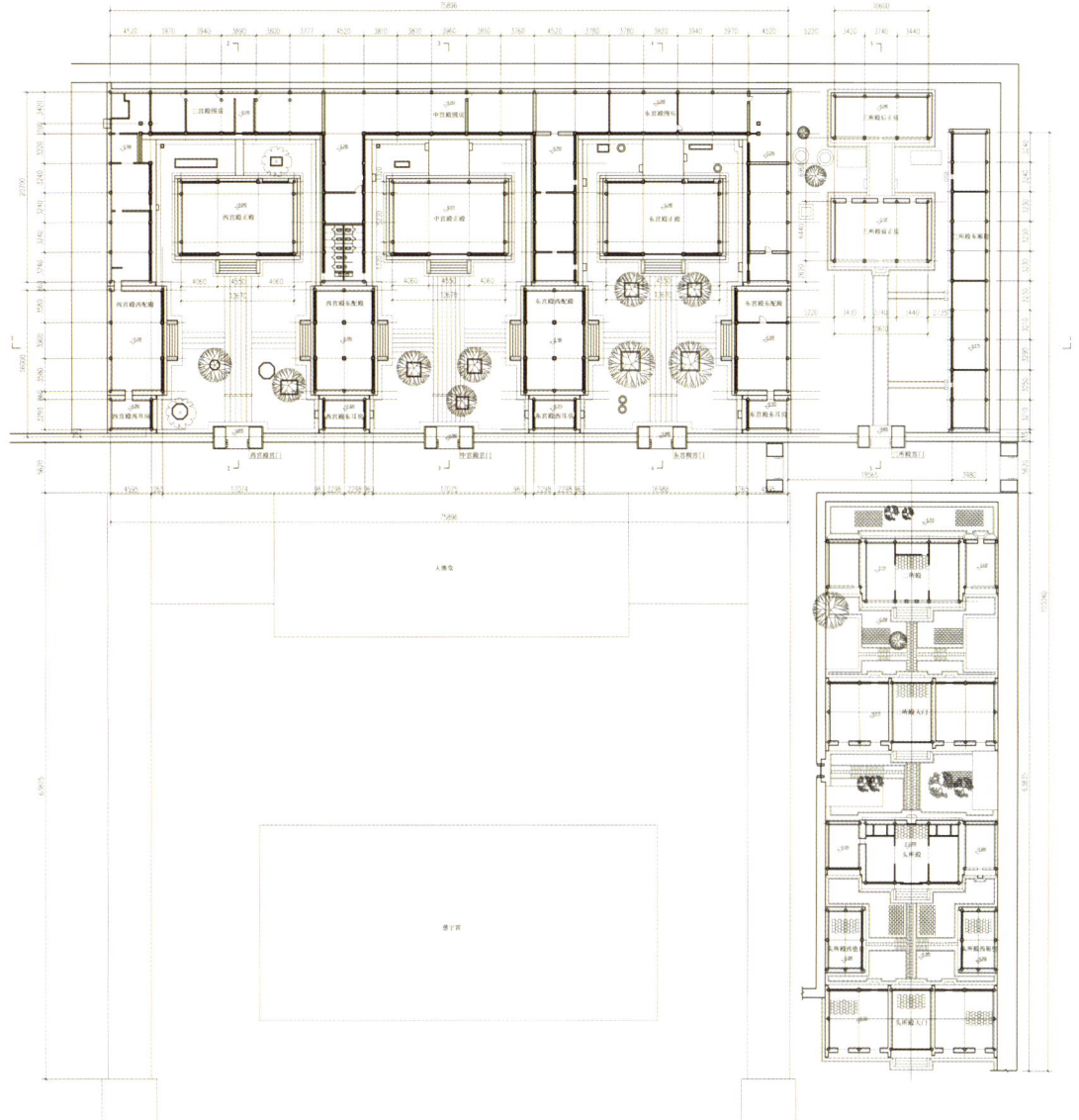

图一 三宫殿三所殿平面图

木至择日兴工"⑨。可知此时依然在为复建仁寿宫备料。但爬梳文献可见，此后仁寿宫始终未建。而在嘉靖十五年（1536）时，信奉道教的嘉靖帝下旨拆除原本用来供奉佛骨佛像的大善殿，并利用大善殿及仁寿宫旧址兴建慈宁宫，于明嘉靖十七年（1538）建成。慈宁宫在明万历年间因毁于火灾⑩进行过重建⑪，万历十三年（1585）再次完工⑫。

仁寿宫始建于明永乐朝，三宫殿区应属于仁寿宫建筑范围。根据勘察过程中，

在三宫殿区域北院墙上发现的多处嘉靖时期墙砖及其城墙规制，明嘉靖朝营建慈宁宫，三宫殿区此时属于慈宁宫建筑范围。

（二）清代建筑变迁

清朝立国之初，虽无暇肆意营建，对明代宫殿也多承袭沿用，却于顺治十年（1653）三月到六月，对慈宁宫进行了一番修缮。《清实录》中多次提及顺治年间对慈宁宫的修缮：

丙子。慈宁宫立柱。遣工部尚书星讷，祭司工之神。⑬

戊子……慈宁宫上梁，遣工部尚书星讷，祭司工之神。[14]

庚申……慈宁宫成，遣官祭司工之神。[15]

庚申，慈宁宫成。[16]

此次修缮，应是为迎接皇太极孝庄文皇后居御所做的准备。顺治八年（1651），孝庄文皇后被封为太后，顺治十年闰六月，修缮工程刚结束，就立刻迁入此宫[17]，直至康熙二十六年（1687），卒[18]。当时清朝国祚刚立，且修缮历时仅三个月，院落建筑众多，进行大规模的修缮或拆改难以完成，且档案中没有明确记载，因此推测此次修缮只是在明代原有建筑上局部维修。

《皇城宫殿衙署图》[19]绘制于康熙十九年（1680）以前。此图虽有部分内容值得探讨，但作为清早期紫禁城的重要图像资料，从中可窥见清初慈宁宫区域的建筑格局。与今天三宫殿三所殿所在位置对比，基本可推测现三宫殿三所殿位于当时慈宁宫副宫区。当时的建置为最北区域正中并列相连的两个相对独立的院落，两院落整体东西宽度略小于当时的慈宁宫主宫区东西宫墙距离，布局均为居中设三开间正房和三开间后房，正房南，东西两侧各设三开间东西配殿，南侧设宫门一座。独立院落以外，东西各设一座三开间殿座。西侧殿加一座三开间东配殿，东侧殿加一座三开间西配殿，均与院落中相邻配殿隔着墙背靠背设置。慈宁宫正殿正东侧有一独立的单檐三开间建筑，稍

北，还有一座相同建筑（图二）。

值得一提的是，在孝庄皇太后居住慈宁宫期间，曾发生了一件与三所殿区域相关的事件。康熙二十六年，康熙皇帝为孝庄皇太后在慈宁宫东区新建一所五间的宫殿，大清《圣祖章仁皇帝实录》载："慈宁宫之东，新建宫五间。太皇太后在日，屡曾向朕称善，乃未及久居，遂尔遐升。今于孝陵近地，择吉修建，暂安奉殿，即将此宫拆运所择吉处，毋致缺损。"[20]此记录为目前所见慈宁宫东侧附属建筑最早的明确文字记录。其用地应为现三所殿区。但同年十二月，孝庄去世后，康熙悲痛不已，又因孝庄生前喜欢此宫，遂将此宫殿拆除迁移至孝陵。

雍正乾隆之交，对慈宁宫区域进行了较大规模的改建，并在慈宁宫以西新建寿康宫，清内务府档案对此次改建有详细记载[21]。从《乾隆京城全图》这一舆图中可

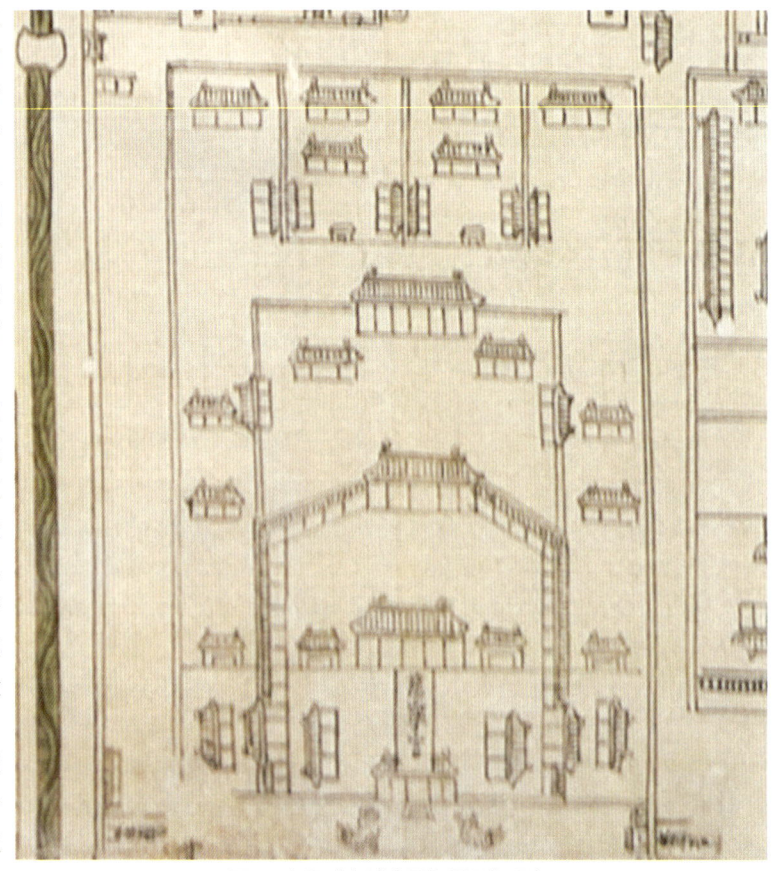

图二　康熙《皇城宫殿衙署图》局部

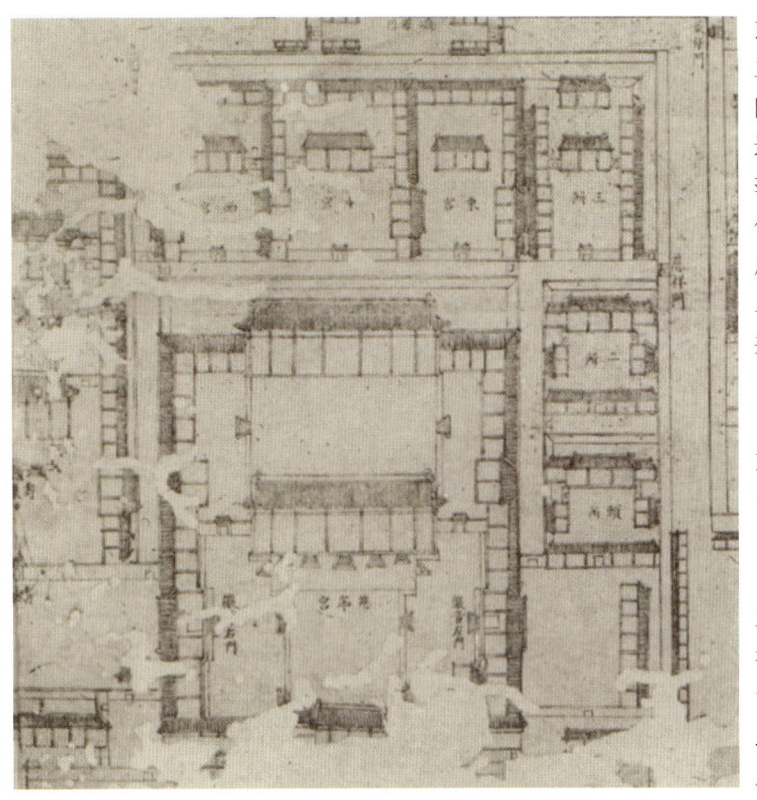

图三 《乾隆京城全图》局部

以一窥清前期与清中期三宫殿三所殿所在区域建筑的变迁（图三）。在雍正末年、乾隆初年对慈宁宫进行改建并修建寿康宫时，将原慈宁宫主宫区西院墙东移，原慈宁宫后的四组建筑随之东移，西部空出区域兴建寿康宫。慈宁宫后建筑同时拆除了独立院落中间隔墙，合并隔墙两侧独立配殿。院落间以转角围房相隔，中间院落设东西配殿，西院落只设西配殿，东院落只设东配殿，三个院落分别在正殿南侧设宫门，自西向东分别为西宫殿、中宫殿、东宫殿组成三宫殿。而这组建筑的最东侧设置一布局特殊的院落称为三所殿（后所殿），与三宫殿相同的是在南侧设门，但后所殿院落整体为二进院。后所院内设正房、后房，东西两侧设连房各一。后所殿以南，为头所殿和二所殿。此时，头所殿位置基本与康熙《皇城宫殿衙署图》相符，但向南增加了殿门、左右耳房、东西板房等建筑，形成了独立院落。二所殿同样加设建筑，形成院落后，院落后墙已与

慈宁宫后墙齐平。两个独立院落西墙与慈宁宫东侧院墙之间隔出一南北向通道，且头所殿、二所殿院落西墙比后所殿院落西墙偏东，而东侧院墙又与后所殿相齐，因此头所殿、二所殿无法与后所殿中轴共用，相比则更靠东侧。《钦定日下旧闻考》载："永康右门，正中南向为慈宁门，前列金狮二，门内正殿恭悬皇上御书额曰'宝箓骈禧'，又额曰'庆隆尊养'……慈宁宫左殿宇二层，东有门曰慈祥门，与启祥门遥对，慈宁门之南为长信门。"[22]此中"慈宁宫左殿宇二层"，其中"层"有重叠之意，这里应是指南北并行的相同规模的建筑，即头所殿和二所殿。而与启祥门遥相对应的慈祥门，也与现存一致。此次改造之后，该区域建筑规模与布局至今再无大的变动（图四）。

综上，清初三宫三所区作为慈宁宫副宫区，建筑布局承袭明旧。雍正十三年（1735）年末始建寿康宫，三宫殿三所殿区域有所改建，自此成为寿康宫附属建筑。

（三）民国以来的建筑利用

据故宫现存档案记载，民国以来三宫殿三所殿区域先后进行过四次较大规模的修缮。1929—1930年，为做古物馆使用，将东西中各院屋顶、墙框、台明石活、檐头、檐椽、窗户菱花及影壁帽子找补整齐见新；改西所西房二间为照相暗屋；添做风门，修理窗户并添做铁丝网[23]。1955—1956年，对该区域后所殿已坍塌西群房及后建照相室进行清理拆除[24]，并将后所殿正殿、后殿及东群房瓦顶全部揭起，捉节夹陇；替换糟朽大木，椽望；连檐瓦口添配瓦件。头、二所殿修缮瓦顶，替换椽望

大木，装修瓦组；拆砌坛墙，找补抹饰墙身；院内修筑甬路散水㉕。1962年为做文物修复厂使用，修缮西路三宫以及东三所零星工程。修缮东、中、西三宫殿屋顶瓦面，东宫殿、东配殿以北小房两间挑顶翻修更换大木；东、西宫殿修补原有地面，中宫殿及各配殿、小房新做水泥地面；西宫殿后北房五间做水磨石地面；三宫殿均做前檐装修；三宫殿及各配殿全部新吊顶棚；三宫殿室内室外均油饰、抹饰见新；归安石活；清理后夹道并安装上下水管道。头二后所殿各建筑装修更换、修正，开后窗，加波动扇，室内找补裱糊，局部揭墁地面，拆除隔断，头所殿东耳改建厕所，后所殿东北角建化钢炉㉖。

该区域在民国以来的修缮过程中都基本遵循了"不改变文物原状"及"最小干预"的原则，因此其建筑布局、大木结构及大部分彩画仍遗留至今，我们也得以一览其原状，并从勘探中进一步获取历史信息，揭示该区域建筑蕴含的历史信息。

（四）现存建筑时代遗痕分析

1. 三宫殿建筑遗存及蕴含的时代信息

慈宁宫以北布局的三宫殿共有殿座15个，其中有三座正殿、四座配殿及四座耳房，一套连续转角围房。如前所述，从康熙《皇城宫殿衙署图》或可见明嘉靖建慈宁宫后该区域之布局。彼时北侧附宫区位置已有独立院落的两座宫殿及东西配属建筑（东侧为现后所殿位置）。雍正十三年拆改慈宁宫兴建寿康宫，三宫殿随慈宁宫西侧院墙东移而一起东移。并将原有两组东西配殿和西侧殿东配殿，共五个殿座缩减为一组东西配殿（中宫）和一座

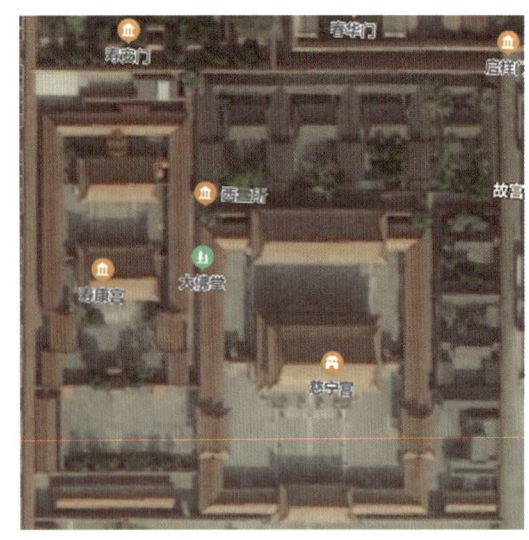

图四　三宫殿三所殿现状卫星图

西配殿、一座东配殿，共四个殿座。现状中三座宫殿影壁已无存，仅剩遗迹。据档案《修缮本院古物馆》载，民国十八年（1929）十月，该区在作为古物馆之前曾修补过影壁帽子㉗。到1956年修头、二所殿时清扫已坍塌的木影壁，但未说明数量及具体位置，或可作为现影壁不存的线索㉘。将《乾隆京城全图》《嘉庆二十五年寿康宫地盘样》和三宫殿区现状相对比可见，雍正末乾隆初这次拆改之后，该区域再无大的改动，至今仍保持当时的院落建筑布局。

三宫殿彩画遗存较为丰富。三宫殿所有正殿及配殿的外檐均为龙凤枋心金线大点金旋子彩画（图五），纹饰与头所殿正殿、后所殿前正殿、慈宁宫大佛堂内檐、徽音左右门外檐及明间内檐相同。围房和东西耳房外檐均为凤锦枋心墨线小点金旋子彩画（图六）。该区域彩画找头旋

图五　东宫殿正殿龙凤枋心金线大点金旋子彩画

图六　西宫殿东围房凤锦枋心墨线小点金旋子彩画

花路数为二路，部分头路瓣绘十个左右的螺旋纹；二路瓣为分格法，无随形黑老，仅为青绿单色；旋眼比例占构件高度的四分之一，造型已演变为蝉状；枋心头造型三段外弧线型圆润无尖。上述特征均具有明显晚清时期特征。根据档案记载，乾隆朝以后，嘉庆四年（1799）、嘉庆六年（1801）、嘉庆二十四年（1819）、嘉庆二十五年（1820）、道光元年（1821）、道光三十年（1850）、光绪十六年（1890）、光绪十九年（1893）、光绪二十年（1894）均对三宫三所区进行过大小多次修缮。其中光绪十六年对该区域进行修缮时，对部分糟朽大木和椽望进行剔换，更有部分照旧拆盖，因此推测三宫殿现存彩画应为此次修缮后遗存㉙。

2.三所殿建筑遗存及蕴含的时代信息

三所殿中后所院落是三宫三所殿区最为特殊的区域。它和三宫殿一样设置琉璃宫门，同头、二所殿一样拥有悬山的正殿，但中轴却不与头、二所共用。且自己独有一座悬山后殿，并设东西群房、二间净房、三间值房。西群房于1955年被拆除㉚。对比康熙《皇城宫殿衙署图》和《乾隆京城全图》，该院落主要建筑应从明代始建起就无较大的位移。现档案中净房位置为一后期拆改过的两间小房，内存杂物。根据现场痕迹观察，此房墙身1.5米以下满铺瓷砖，推测曾改造后仍作为水房或卫生间使用过。档案中所称"三间值房"，现未见遗址，但该院南院墙近慈祥门处，有一小门（图七），不知是否与值房的设置有关。

此外，头、二、后所殿区域每组院落均为中轴对称的南北序列，但后所殿中轴线却与头所、二所不同，而是较之更加偏西。后所殿前殿前与三宫殿同样设置歇山宫门，因此后所殿从布局和宫门设置来看，应是和三宫殿为一个体系。头所殿和二所殿整体以围墙圈护，且有南北有序的统一中轴，俨然自成体系。但从头、二、后所正房悬山的形制，以及无影壁的院内设置来看，后所殿又与头所殿、二所殿统一。而院落布局上，后所殿既不同于三宫殿设置配殿，也不同于头、二所殿只设置门房和正殿，而是在一侧加群房，并设净房两间。这仿佛又再次强调了后所殿最初设计规划时的特殊性。

三所殿保存有清早中期与清晚期彩画。头所殿门房彩画为凤锦枋心墨线大点金旋子彩画（图八）。正殿彩画为龙凤枋心金线大点金旋子彩画（图九），与后所殿前正殿、三宫殿及其配殿，还有慈宁

图七　慈祥门侧小门

图八 头所殿门房凤锦枋心墨线大点金旋子彩画

图九 头所殿正殿龙凤枋心金线大点金旋子彩画

宫大佛堂内檐、慈宁宫徽音左右门外檐及明间内檐相同；东西耳房为花锦枋心墨线小点金旋子彩画，与后所殿东厢房彩画相同。头所殿彩画整体具备上述三宫殿区域所述清晚期彩画特征。二所殿门房内檐为锦枋心雅伍墨旋子彩画，与《恭建寿康宫奏销黄册》中所记载的乾隆时期彩画特征基本相同[31]，其彩画枋心造型弧线尖，纹饰为清中期以前的编织纹与宋锦的组合，旋花旋瓣内有黑老，盒子为整四合云，脊、金枋底面纹饰采用勾填法；正殿为龙锦枋心金线大点金旋子彩画，彩画盒子为四合云盒子，旋眼为花头形，同时檐檩色泽保存比其他地方略好，推测为道光三十年做过过色还新[32]。门房外檐及其东西耳房为锦枋心雅伍墨旋子彩画，枋心头弧线较尖，枋心内纹饰为清中期的编织纹和宋锦纹，其时代特征较三所殿其他建筑稍微偏早[33]。后所殿彩画共有三种形式。前正房外檐为龙凤枋心金线大点金，与头所殿正殿、三宫殿正殿及其配殿，以及慈宁宫大佛堂内檐、慈宁宫徽音左右门外檐及明间内檐彩画相同；后正房外檐为凤锦枋心墨线大点金；东厢房外檐为花锦枋心墨线小点金，与头所殿东西耳房彩画一致。根据《奏销档》档案资料记载[34]，清朝对后所殿最后一次修缮为光绪十六年，且民国以来没有明确的彩画修复档案记录，因此推测后所殿彩画为清光绪十六年修缮存留

遗迹（其具体年代有待进一步考证）。

综上所述，推测三所殿中二所殿门房内檐彩画为清早期乾隆时彩画遗存，门房外檐与东西耳房彩画可能为清中期道光三十年彩画遗存；头所殿与后所殿建筑彩画推测为晚清光绪十六年重修之遗存。

二、使用功能探讨

明洪武、永乐朝均无太后，直到明宣宗宣德帝时才有了第一位太后，即仁宗皇帝的张皇后。在明宣宗所绘《万年松图》（图一〇）上，宣宗亲笔题写："宣德六

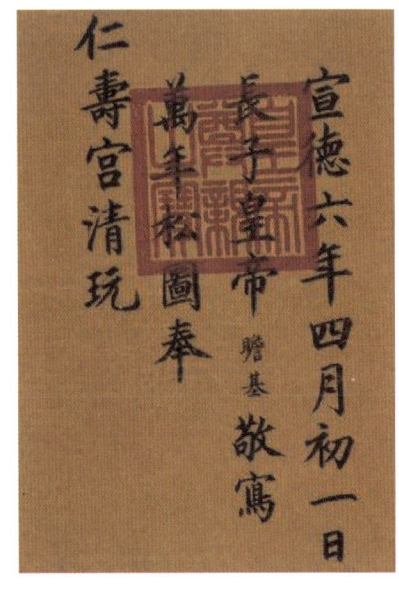

图一〇 《万年松图》题款

表一 明代、清代三宫殿、三所殿修缮历史

年代	修缮区域	涉及建筑	修缮内容	资料来源	备注
嘉靖六年	仁寿宫（今慈宁宫区）	慈宁宫（含三宫殿、三所殿区）	文献记载彼时慈宁宫区域存仁寿宫，筹备复建	《明世宗肃皇帝实录》卷八十一"嘉靖六年十月"条	
嘉靖十五年	慈宁宫	慈宁宫（含三宫殿、三所殿区）	在仁寿宫旧址并撤大善殿，兴建慈宁宫	《大明会典》卷一百八十一《工部一·营缮清吏司·内府》	
嘉靖十七年	慈宁宫	慈宁宫（含三宫殿、三所殿区）	慈宁宫成	《明史》卷十七《世宗本纪》	
万历十二年（1584）	慈宁宫	慈宁宫（含三宫殿、三所殿区）	慈宁宫鼎新	《明神宗显皇帝实录》卷一百四十六"万历十二年二月"条	
万历十三年	慈宁宫	慈宁宫（含三宫殿、三所殿区）	慈宁宫灾后重建新宫成	《明神宗显皇帝实录》卷一百六十二"万历十三年六月"条	
顺治十年	慈宁宫	慈宁宫（含三宫殿、三所殿区）		《大清世祖章皇帝实录》卷七三、卷七六	
康熙二十六年	慈宁宫之东	新建宫五间，后拆此宫于孝陵近处修建（三所殿区）		《大清圣祖仁皇帝实录》卷一三二"康熙二十六年十二月"条	康熙二十六年，为孝庄皇太后所建。同年十二月，孝庄去世后，遂将此宫殿拆除迁移至孝陵
雍正十三年至乾隆元年（1736）	寿康宫主宫区与副宫区	三宫殿、三所殿	兴建寿康宫及其副宫区。建宫殿大小房屋共二百八十八间，内续添房六十五间；宫门六座，慈祥门一座，影壁门罩，路灯石座，铁太平缸以及殿内楠木佛龛、供案花帘罩、集锦书格等项	《内务府大臣海望奏为销算修建寿康宫工程用过工料银两事折》，长编68217，1737年7月7日，乾隆二年六月初十日丁卯，中国第一历史档案馆藏（附注：奏销档197-122-1）	
乾隆十六年（1751）	慈宁宫	慈宁宫左殿宇（三所区）	重加修葺	《钦定日下旧闻考》卷十九《国朝宫室十一》	
嘉庆四年	三宫殿三所殿	寿东宫前殿西间与东间、寿中宫西次间、寿西宫后殿、东三所前殿东进间、后殿西进间	屋面渗漏、前檐瓦口糟朽、地炕损坏与油饰爆裂问题	《奏为遵旨查勘宫内等处渗漏情形折》（附件一：奏报修理渗漏约需钱粮数目片，附件二：应修处所清单），奏销档454-107，1799年，嘉庆四年八月十七日，中国第一历史档案馆藏	
嘉庆六年	三宫殿	寿东宫前殿明间、后殿	中脊渗漏	《奏报宫内等处渗漏坏损情况折》（附件：应修及赔修处所清单），奏销档455-221，1801年，嘉庆六年八月初二日，中国第一历史档案馆藏	
嘉庆二十四年	三所殿	寿二所正房西间、西水房	屋顶渗漏，连檐瓦口、望板糟朽	《奏报宫内等处建筑损坏情形折》（附件：应修赔修处所清单），1819年，嘉庆二十四年八月初七日，奏销档495-007，中国第一历史档案馆藏	

年代	修缮区域	涉及建筑	修缮内容	资料来源	备注
道光元年	三宫殿	三宫殿各房屋	安设纱屉窗	《奏呈上月份营造司等处进匠次数及人数清单折》，奏销档506-138，1821年，道光元年五月二十六日，中国第一历史档案馆藏	
道光三十年	三宫殿	寿东宫东西厢房，其余各殿宇房间	拆盖寿东宫东西厢房，其余各殿宇屋面、砖石粘修，内檐装修油饰裱糊	《奏为修理寿安宫等处房间堪估银两数目折·附行取物料估需银两数目清单》，奏销档645-023，1850年，道光三十年二月十八日，中国第一历史档案馆藏	
光绪十六年	三宫殿三所殿	寿三宫和寿三所全部殿宇房屋	修补瓦面渗漏，拆修大脊、挑换椽望，油饰、糊饰、铁活，部分房屋照旧拆盖	《奏为勘明应修各宫拟请择要修理事折》，奏销档827-108-15-043，1890年，中国第一历史档案馆藏	
光绪十九年	三宫殿	寿三宫各殿宇，寿三宫宫门及随木影壁	寿三宫宫门、随木影壁、各殿宇外檐、门窗、枪槛、椽望、坎框均油饰，头停夹陇墙垣均抹饰，地面剔墁整齐	总管内务府奏案《呈慈宁宫应修缮工程清单》，奏案05-0992-012-002，1893年，中国第一历史档案馆藏	
光绪二十年	三宫殿三所殿	三宫殿、三所殿各房屋殿宇	三宫三所殿头停渗漏	总管内务府奏案《奏为赶紧择日兴修储秀宫等处事》，奏案05-0996-035，1894年，中国国家第一历史档案馆藏	
民国十九年（1930）	三宫殿	中宫殿	中所（中宫）后院北房四间开窗户十扇，内添做木隔断一槽	故宫博物院藏档案《修缮本院古物馆》	
民国十九年	三所殿	三所殿	西所西房二间改做黑屋，窗户上钉灰条抹灰，做玻璃拉门，窗户二个，做透风气眼二个，门口内做转角板墙一段，屋内做浅水沟，用缸瓦管子垒砌，做水盆架子一个。以上各归院旧木料内选用，其缸瓦管子灰斤麻刀洋钉归包工人备办成做	故宫博物院藏档案《修缮本院古物馆》	

年四月初一日，长子皇帝瞻基敬写万年松图，奉仁寿宫清玩。"由此可推，太后居仁寿宫始于宣德时期。明嘉靖帝登基之后，迎其生母来京奉养，入住仁寿宫，彼时明孝宗弘治皇帝母亲的张太后亦居住于此。嘉靖四年仁寿宫灾，嘉靖十五年在仁寿宫及大善殿旧址新建慈宁宫，推测嘉靖皇帝此举的主要意图是使其生母能够拥有独立宫苑。然而遗憾的是，同年十二月，嘉靖皇帝生母仙逝，此后在明代三宫殿三所殿区域一直作为太后、太妃之居所。

清初，这一区域的使用功能沿袭明代，仍为太后、太妃居所。直到孝庄皇太后去世之后慈宁宫区逐渐成为礼制性建筑，后妃册封、千秋节等在此举行，而不再用于生活和居住。康熙四妃除受册、受宝的典礼在慈宁宫举办以外，日常俱居于宁寿宫[35]。雍正十三年、乾隆元年，兴建寿康宫，慈宁宫不再作为太后太妃居所，已成为一处礼制性空间，而三宫殿三所殿功能也与慈宁宫分割开来，作为寿康宫之附属建筑。据《国朝宫史》载："慈宁宫之西为寿康

表二　清后期三宫三所殿后妃居住情况

居住地 居住者 年代	寿西宫	寿中宫	寿东宫	寿三所	寿二所	寿一（头）所
嘉庆朝					晋贵人（乾隆贵人。又称晋妃、晋太妃）	
道光朝	和裕皇贵妃（嘉庆贵妃，又称角妃、角贵妃、角禧贵妃）	恭顺皇贵妃（嘉庆贵人，又称如贵人、如嫔、如妃、如贵妃、如皇贵太妃）	信妃（嘉庆信妃，又称信贵人、信嫔。卒于道光初年）			
道光朝	恩贵人（嘉庆贵人又称恩嫔）	荣贵人（嘉庆贵人又称荣嫔。卒于道光年间）	安常在（嘉庆常在又称安嫔）			
咸丰朝	琳贵太妃	八公主	成嫔		李常在	
光绪朝	瑜妃（同治妃）	婉贵妃（道光妃）	祺贵妃（道光妃）	缴妃（道光妃）	询妃（同治妃）	谱嫔（同治嫔）

门，门内为寿康宫，恭奉皇太后颐摄起居之地也。"㊱《国朝宫史续编》又载："嘉庆五年正月……现值颖贵太妃七十寿辰备物……令护卫太监等径赴寿康宫陈递经颖贵太妃处。"㊲并载："嘉庆六年正月乙酉奉谕旨，婉太妃母妃从前皇考在藩邸时蒙皇祖所赐，侍奉皇考多年，嗣经晋封为妃，现在寿康宫位次居首。"㊳可见自清乾隆朝至清末，太皇太后、皇太后居于寿康宫，太妃、太嫔随居。查阅《内务府奏销档》及《清宫述闻》可基本梳理清后期各宫主位居住情况（表二）㊴。

民国以来，该区域先后作为故宫博物院古物馆、文物修复厂使用。

三、小结

在三宫殿三所殿区域建筑勘察过程中，笔者基于建筑遗存现场勘测和记录结果，再次查阅了综合性文献档案和图像资料，分析了其现存建筑特征与时代信息，印证了三宫殿三所殿区域古建筑营缮历史及使用功能的变迁。

就营缮历史来说，明永乐营建紫禁城时，其位置彼时是仁寿宫；明嘉靖时期为慈宁宫副宫区；雍正末年、乾隆之初寿康宫建成之后，该区域完成改建，成为寿康宫附属建筑，建筑布局和格局与现存基本一致。民国成立以来，该区域建筑基址范围与布局基本未做改变。

就使用功能来说，在明清历史时期为前朝后妃居所，民国以来先后作为故宫博物院古物所和文物修复厂使用。从建筑特征和时代信息来看，该区域建筑等级较慈宁宫与寿康宫低，现存建筑保存有明嘉靖时期墙砖及清早中期和清晚期彩画。

①单士元：《明北京宫苑图考》，紫禁城出版社，2009年，第28页。

②常欣：《慈宁宫区建筑述要》，《中国紫禁城学会论文集》第八辑（上），故宫出版社，2012年，第312—327页。

③姜舜源：《紫禁城东朝、东宫建筑的演变》，《故宫博物院院刊》1995年第4期。

④田园：《乾隆时期慈宁宫的修缮与改建》，《明清论丛》2014年第1期。

⑤杨红：《浅析寿康宫区建筑彩画的历史演变》，《中国紫禁城学会论文集》第六辑（下），紫禁城出版社，2011年，第740—747页。

⑥《大明会典》卷一八一，万历十五年"工部一·营缮清吏司·内府"。

⑦［清］陈元龙辑：《历代赋汇》第三五卷《都

邑》，清文渊阁四库全书本，第568页。

⑧《明世宗肃皇帝实录》卷四九，嘉靖四年三月。

⑨《明世宗肃皇帝实录》卷八一，嘉靖六年十月。

⑩ "（万历十一年十二月庚午）夜一更，慈宁宫火，圣母移居乾清宫。"见《明神宗显皇帝实录》卷一四四。

⑪ "（万历十三年二月）壬子，营慈宁宫，遣尚书杨兆祭告后土司工之神。"见《明神宗显皇帝实录》卷一五八。

⑫ "（乙酉万历十三年）六月，慈宁宫成。八月，慈宁宫完美，宸衷悦怿，命择中秋吉日，奉迎圣母，还御新官。"见《皇明通纪要》第三五卷，明崇祯刻本。

⑬⑭《大清世祖章皇帝实录》卷七三，顺治十年癸巳三月。

⑮⑯《大清世祖章皇帝实录》卷七六，顺治十年癸巳六月。

⑰《大清世祖章皇帝实录》卷七六，顺治十年闰六月乙亥。

⑱《大清圣祖仁皇帝实录》卷一三二，康熙二十六年十二月己巳。

⑲《皇城宫殿衙署图》，中国台北故宫博物院藏，编号：平图021601.005。据著名建筑史学家刘敦桢先生考证此图成于清康熙十九年之前，详见刘敦桢：《清皇城宫殿衙署图年代考》，《中国营造学社汇刊》1935年第2期。

⑳《大清圣祖仁皇帝实录》卷一三二，康熙二十六年十二月壬申日。

㉑内务府《奏销档》之《内务府大臣海望奏为销算修建寿康宫工程用过工料银两事折》，奏销档233-140，载"臣海望谨奏　为奏销钱粮事先经臣奏准修建寿康宫……派内务府郎中赫德等九员敬谨择吉于雍正十三年十二月初四日兴修，至乾隆元年十月二十四日告竣"，乾隆二十一年（1756）二月初八日丙午，中国第一历史档案馆藏。

㉒[清]英廉等奉敕编：《钦定日下旧闻考》卷十九《国朝宫室十一》，清乾隆五十三年（1788）武英殿刻本。

㉓《修缮本院古物馆》，档案号jfqggxjgc100056，案卷号20，顺序号1，1929年，故宫博物院藏。

㉔《修缮西路三所殿》，《故宫博物院报告文化部文物局报告》，档案号19550914z，顺序号80，

1955年，故宫博物院藏。

㉕《修缮西路三所殿》，《故宫博物院西路三所殿修缮工程做法说明书》，档案号19550914z，目录号10，顺序号80，第7页，故宫博物院藏。《本院文物局关于修缮外西路头二所问题的来往文书》，《工程做法说明》，档案号19561017z，案卷号103，目录号13，顺序号4，第12页，故宫博物院藏。

㉖《西三所修缮、采暖、照明工程（内包括大石桥采暖）》，《西三所修缮工程说明书》，档案号19620330z，案卷号61，目录号19，顺序号3，故宫博物院藏。

㉗《修缮本院古物馆》，档案号jfqggxjgc100056，案卷号20，顺序号1，1929年，故宫博物院藏。载："谨将，故宫博物院传做西路古物馆，东西中三院各房间门楼上顶均拔草扫陇，勾抹查补，各墙框均找补，抹什整齐，刷浆见新。台明石活均一律勾抹找补整齐，檐头扒补，揭瓦连檐瓦口飞头，檐椽所有糟朽添换整齐，窗户菱花并影壁帽子均钉补整齐，小房两间拆去，运出中院。西北角三间坍塌，换柁檩拆修照旧修理，瓦瓦整齐，及各院中茅草积土均运出。"

㉘《本院文物局关于修缮外西路头二所问题的来往文书》，《修外西路头二所建筑请核示》，档案号19561014z，案卷号103，目录号13，序号1，第1—2页，1956年3月3日，故宫博物院藏。载："我院外西路慈宁宫迤东为西三所殿，因年久失修，瓦顶渗漏，大木糟朽，去年已将其第三所殿（北院）修缮完竣，并将头二所殿（南院）列入今年计划。会将该建筑连同徽音左门外群房七间勘察设计完竣。除将已倒塌之简陋小房（头所东配房）及木影壁予以清除外，其他建筑物均施以必要修缮及保养。共计施工整理面积为1570平方公尺，建筑面积712平方公尺，预计修缮费共21740元，每平方公尺合30.53元。兹检附图说预算，报请批示。"

㉙㉚《修缮西路三所殿》，《故宫博物院报告文化部文物局报告》，档案号19550914z，目录号10，序号80，1955年8月15日起至8月26日止，第1页，故宫博物院藏。载："我院外西路三所殿因年旧失修，瓦头节陇糅松脱，草木丛生，大木椽望糟朽，损坏严重，为保护古建及配合使用起见，拟将

（下转第66页）

清宫雕版学术研究综述

周　莎

雕版研究得到国内国外的学者关注，故宫博物院拥有一批独特且大量的雕版典藏研究资源，文物数量及质量、题材都较为上乘，并且具有鲜明的清代宫廷艺术的特征，为研究宫廷印刷在明清两代的发展提供了大量的实物资料。对于研究明清图书典籍文化、装潢艺术、刊书历史、雕版内容及制度等方面具有重要的意义。

故宫图书馆藏有大量古籍善本，这对于正确认识和归纳雕版文物的特色有一定的作用，以及准确评价其在清宫旧藏中的意义及于佛教、儒家文化的影响，具有重要的意义。基于此，本文以故宫博物院清宫典籍研究人员的研究历程为基本脉络，收集了20世纪80年代以来发表和出版的论文、专著等，按图书典籍文化、装潢艺术、刊书历史、雕版刊刻及明清版本的辨章考证等方面分类总结归纳研究成果，对故宫博物院的清宫雕版研究成果作了基本整理，草成此文，敬祈方家的指正。

一、故宫博物院清宫雕版研究资源概述

故宫收藏的雕版主要来源于清代宫廷旧藏，上溯可至明代经厂及国子监刻书处所雕刊的书籍和佛经雕版。因是皇家官办的造作，其用料上乘，不惜工本，装潢考究，刻工精湛，其选取的题材及刊刻的内容，显示出了皇家的文治理念。在清廷"偃武修文""稽古右文"的倡导下，无论是清宫儒学典籍的刊刻，还是西方算学书籍的刊刻，都体现了皇家的中央政府的

意志。因而，它不仅承袭了明代的雕版遗存基础，继而发展了清宫的刊刻工艺，可以说是明清两代雕版工艺的见证。

作为明清两代皇帝的居御之所，故宫现今仍保存着近乎完整的《清文翻译全藏经》经版。这批清宫遗存雕版在材质、数量、题材、类别等方面，均居于全国各大博物馆馆藏雕版的前列。

（一）文物数量众多，风格类型多样

故宫博物院收藏的雕版文物众多，为研究者提供了丰富的研究资源。雕版按所刊刻的内容，主要分为书籍雕版、文书雕版和图样雕版三大类。清文翻译全藏经库房文物42237件，来源为清宫旧藏。

故宫收藏的清宫雕版，主要来源有：清代宫廷旧藏的雕版。这批雕版时代上起明代中期，下迄清代晚期，包括宫廷官刻版（主要由明代宫廷刻版和清代武英殿刻版构成）、地方衙署刻版、官员进呈的刻版；上级文物部门拨交和捐赠的刻版。

书籍雕版中的佛经版以明清宫廷的雕刊佛经经版为主，在数量和质量上居国内收藏之前列。佛经版以《清文翻译全藏经》经版最为丰富，也最有特色，刊刻了多种语言版本，如《清文（满文）翻译全藏经》、藏文《四体楞严经》、蒙文《秘密经》等（图一、图二），其雕刻工艺精湛、版式布局合理、图像细微，体现了佛经仪轨的庄严与神圣。

此外，明清两代宫廷佛经刊印的数量惊人，《清文翻译全藏经》曾刷印数部，目前北京故宫博物院存一部，西藏布达拉宫亦存有完整的一部。《永乐北藏》

图一 《清文翻译全藏经——正法念处经第三卷》经版

图二 《四体楞严经》经版

刷印后，目前尚在北京智化寺存有一套。康熙三十九年（1700），以宫廷汉文《大藏经》为底本，在清字经馆开刻《清文翻译全藏经》（即满文版《大藏经》）。这一工程任务艰巨，费时费工，但在其工艺上无不显示出清代宫廷刊刻的高超技艺。乾隆皇帝在藏文《大藏经》的基础上抄写了《龙藏经》，共计108函，其中76函保存在北京故宫图书馆古籍组，另32函庋藏于台北故宫博物院。此雕版刷印后的成品《大藏经》的抄写及装潢，反映了清代乾隆盛世的综合国力与经济水平。

书籍雕版中的图书版同样以汉文典籍为主，并伴有少量多语言本，如满文《文宗圣训》、蒙文《律书》等（图三）。种类繁多，与清宫所典藏的书籍有部分一致之处。其书籍装潢精美华贵、内容丰富，主要有《史记》《前汉书》《后汉书》《晋书》《宋书》《南齐书》《魏书》《隋书》《周礼注疏》《左传注疏》等（图四）。

文书雕版中的诏令文书是关于清代政治、军事、政令等相关的发布法令的雕版。如《皇父摄政王军令》雕版版片（图五）、《蒙古律书》雕版版片等。

子史之外，亦收藏有大量文书版，文书版大部分为清代时期所刊，最重要的作用是实用。例如，过城门用的文书雕版、科考类的文书雕版。这些雕版的实际作用是方便管理者和使用者，避免了很多繁复的书写工作。刷好的文书雕版样张成品，只需要在纸张上填好所需信息，便可以快速达到文书的目的。

（二）文物来源清晰，有明确档案资料

故宫的文物来源主要为外来清宫旧藏、清宫制造、文物局拨交。有一大部分刻有明

图三 蒙文《律书》雕版版片

图四 《后汉书》雕版版片

图五 《皇父摄政王军令》雕版版片

确的文字纪年，为文物研究提供了坚实有利的依据和丰富的实物资源。文献档案的记载和实物相互印证，明清两朝的修书与刻经活动频繁，尤其是清代宫廷刊刻的《大藏经》，堪称一部佛教经典的巨著。

国语骑射，在清代是重要的学习科目。乾隆中期，乾隆皇帝下令刊刻国语版（即满文）《大藏经》，以藏文的《甘珠尔》和《丹珠尔》为底本。此次刊刻的少数民族语言版《大藏经》，成为清代宫廷佛经刊刻的特色之一。根据这些《清文翻译全藏经》的刻板，我们可以与宫廷中所收藏的《大藏经》印刷品实物进行相互比对，确认版本的来源。这一独特的资源，为图书典藏与档案研究提供了史料与实物支撑。《清文翻译全藏经》的雕版版片与印刷品实物全部收藏于故宫博物院图书馆，分别在雕版组与古籍一组保存。另外，还有一些其他类别的雕版版片，如药方、木活字等，少量收藏于故宫博物院宫廷历史部和书画部[①]。

(三)原状建筑陈列中的实物

据档案记载，在故宫外西路中正殿西配殿的建筑陈设中，供有《龙藏》108函[②]，是为头等经。《龙藏》被供奉在中正殿旁西配殿的踏垛上[③]。其中96函保存于故宫图书馆，12函保存在台北故宫博物院。

在故宫御花园中的钦安殿中，陈列有道签签筒，解签的印刷版成品现由宫廷历史部保管。钦安殿是清代宫廷中的一座道教建筑，供奉的主神是玄武大帝。在原状陈列的供案前有一签筒，供清代帝后们抽签使用。抽完签需要解签，那么便需要解签的签纸或签书。故宫图书馆所藏的《北极真武感应灵签》雕版，便是这部"签书"的雕版实物（图六）。

从《北极真武感应灵签》版面文字来看，每块版片的签文都是从第二行至第九行，为七言诗四句，分别对应第二栏所问之事，如官事、占病、婚姻等。第十行开始，为解签语，是求签者所求之事的吉与凶。版面布局有序，有主有次，条理分明。而且每句诗通俗易懂，

图六 《北极真武感应灵签——否极泰来》雕版版片

并配有解语，十分实用。在《北极真武感应灵签》雕版的内容可以看出，灵签的内容解题共有十种等级，分别为：上大吉签、上吉签、大吉签、吉签；中上签、中平签、中签、中下签；下签、下下签。按好坏程度分为三类：上签、中签、下签。其中，每签基本上占卜的内容都是谋望、家宅、婚姻、失物、官事、行人、占病等七种类别的事情。

全套的道签签书应有49张，现《北极真武感应灵签》雕版版片共存44块，近乎完整。同时，这些雕版版片也与实物印刷品及档案相互印证，具有重要的历史价值。

二、研究探索初期学术成果（20世纪80年代—20世纪末）

在这一阶段，面对大量的古籍图书与档案、文物资源，故宫的研究学者们对其进行分类整理、编目，对纸质文物与木板实物进行了细目分类。在整理、保管、典藏文物资源的基础上，在古籍版本艺术方面，结合馆藏资源，研究成果主要集中于对古籍、雕版的简要介绍与论述；在清宫典藏大藏经方面，包括对刊刻时间的考证、名称的订正、版本的来源及相关历史的探讨。

清代官刻的汉文大藏经亦称"清藏"，因其经页开经前几页与最后一页的边栏饰以龙纹，故而又称"龙藏"。清"龙藏"经始刻于雍正十三年（1735），完成于乾隆三年（1738），是我国历代官刻大藏经中极为重要的一部。全藏共收经、律、论、杂著等1670种、7240卷，共用经板79036块。乾隆中期，从中撤出5种、72卷，因此全部《龙藏经》实际上为1665种、7168卷，经板78230块。该藏是在明刻《北藏》的基础上编校而成，较之《北藏》略有增减，增加了明清以来著名高僧的语录、杂著和论疏，使其更具特色。《清〈龙藏经〉的刊刷情况拾遗》[④]

一文对其刊刷情况作了论述，对《龙藏》经板的采买，校阅、刊刻《龙藏经》的组织情况及印刷部数进行了讨论。

藏文《大藏经》自古以来就有写本、刻本两大体系，14世纪以前为古写本时期，之后是刻本时期。《康熙朱印藏文〈甘珠尔〉谈略》[⑤]一文对故宫博物院图书馆收藏的一部康熙三十九年朱印藏文《甘珠尔》进行了详细论述，现存最早的刻本藏文《甘珠尔经》（图七）是明永乐八年（1410）永乐皇帝在南京刊刻的，底本是蔡巴《甘珠尔》古写本，故宫博物院收藏的康熙三十九年朱印藏文《甘珠尔》是永乐版之后的第二版官版大藏，是康熙皇帝为其母亲和祖母祈福而刊刻的，为长条散叶，梵夹装，共106卷，刊刻过程历时17年。由皇帝亲自颁赐御制序文，以夏鲁寺古写本为底本，是清前期雕版印刷史上的一次盛举。

研究初期，故宫雕版的工作重点是将庞杂的文物藏品进行整理，结合清宫藏书的版本研究，将故宫的藏书文化展现给社会大众及学术界，才能真正意义上推动雕版研究的发展。

三、研究发展繁荣期学术成果（21世纪初至今）

进入21世纪，是故宫博物院藏品的大清理阶段，本着摸清家底，账、卡、物三核对的方针，故宫图书馆所藏的雕版文物也正式进入了点查阶段。库房藏品账目清

图七 《甘珠尔经》

理更加细化。存放于紫禁城西北角楼的乾隆版《清文翻译全藏经》由紫禁城出版社重新刷印，使故宫图书馆馆藏的《清文翻译全藏经》雕版成为了诸多学者的关注对象与讨论话题，为下一阶段的研究工作提供了条件。

随着雕版库房日常整理工作的开展，《四体楞严经》于2013年2月刷印结束，同时，经版验收归库。接下来，故宫图书馆补刻了稀缺版本的书版及版画雕版等，例如《承华事略》雕版补刻（图八、图九）和《清文翻译全藏经》的部分版画雕版补刻等。

经过几代同仁的辛勤付出，雕版文物库房工作日趋完善，藏品管理更加明确，编目更加细化。根据所藏雕版文物的特色与多样性，2017年，故宫图书馆善本特藏二组正式更名为雕版组。

在整合了故宫文物资源的基础上，研究人员目光更为开阔，研究范围更加广

图九 《钦定元王恽承华事略补图》——周文王问寝视膳图

泛，充分利用故宫藏品资源，与国内外学术界研究相结合，成果较为丰盛，进一步推动了清宫典藏雕版研究的发展，也吸引了更多学者及社会大众的参与和关注。

（一）图书典籍文化研究

《故宫博物院藏清内务府陈设档》一文中所提及的《中正殿佛经供器总档》，是了解清宫刊刻佛经后成品的使用供奉情况的资料。清代宫廷所藏的书籍，反映了帝王们的日常生活及喜好。宫中各殿陈设的书籍，可根据陈设档查得具体书目。除儒家典籍外，清宫还遗存有大量的医学类、科技类书籍。就目前故宫所藏的雕版版片来看，有一些为西学方面的刻板。如康熙朝所刊刻的《数表》雕版版片和《对数表》雕版版片（图一〇—图一二），从雕版上可以看到勾股定理、西方算学以及天文学的知识。

故宫研究人员对古籍资源进行了整

图八 《钦定元王恽承华事略补图》封面

图一〇 《数表》雕版版片

理，丰富了对古籍书目类别的认识了解，推动了典籍文化研究的发展。《清宫盛世典籍文化展武英殿再溢书香》⑥一文介绍了武英殿古籍展的内容与特色，让参观者进一步了解故宫的古籍藏品。

《清宫遗存孤本医籍考》⑦对清宫旧藏的医籍进行了分类考证，具有重要的中医药学学术价值，也是清代宫廷医术"西学东渐"的体现。《故宫博物院藏清内务府陈设档》⑧一文简略叙述了内务府陈设档所涉及的内容，并以清宫旧藏珐琅器档案为例，进行档案文物学的研究比对。

(二)装潢艺术与刊书历史研究

雕版刊刻是清宫雕版研究之重点。清宫内府刻书独具特色，《雍正朝内府刻书概略》⑨一文以此为研究对象，对雍正朝的刻书情况进行梳理，并得出结论：一方面官修刻书可佐助理政；另一方面还可推动儒学文化的传播，同时，促进刻书文化的发展。《康熙帝皇子教育探究——以皇子参与内府编纂书籍为例》⑩结合馆藏资源，以清代皇子们参与清宫内府编纂的书籍为研究方向，认为内府编书的目的是推行文化专制主义政策，从而巩固统治。其弊端是皇子们文化修养提高的同时，忽略了皇子的人格教育。

《嘉庆殿本大清会典图——稀见的古籍装帧及版刻形式》⑪对书籍的装潢进行了考证，从不同的美学视角研究古籍的方法，给人耳目一新的感觉。

《清宫武英殿刻书》⑫讨论了武英殿

修书处的刻书始末，武英殿既是清宫刊书的发源地，也反映着清代宫廷刻书的最高水平。由此，故宫学者开始由研究书籍版本，开拓至研究雕版的起源——刻书与修书。

《清内府武英殿刊刻版画》⑬和《满文〈大藏经〉中的插图版画》⑭两文均以美学的视角，对清宫刊刻的版画进行了详细描述，图文并茂。《清代内府印刷品：

图一一 《对数表》雕版版片

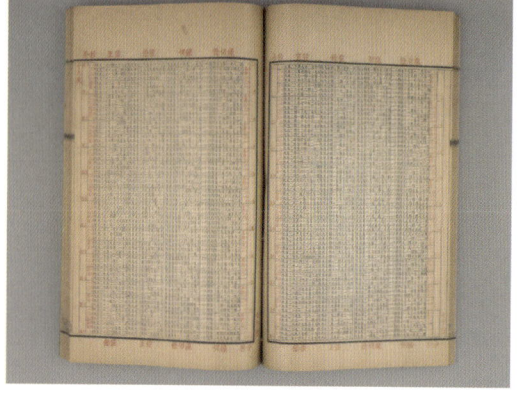

图一二 《对数表》刷装成品

雕版印刷技术研究新证物》[15]一文考证了印刷技术在清代宫廷中的应用与发展。

刊书刻书最大部头的当属开雕《清文翻译全藏经》。《清内府刊刻的满文大藏经》[16]和《乾隆版满文〈大藏经〉刊刻述略》[17]分别对开雕《大藏经》的起因、经过、完成进行了考证与论述。

《〈清文全藏经〉译刻起止时间研究》[18]一文对《清文全藏经》的翻译时间进行了考证，从开工译经的时间[19]至译经装潢完成的时间，认为《清文全藏经》的完成时间为乾隆五十九年（1794）四月。《〈清文翻译全藏经〉丛考》[20]一文则对清宫雕刻的《大藏经》的名称进行了考证，认为清宫所雕刻的满文版《大藏经》应称《清文翻译全藏经》。

(三)明清版本的辨章考证

关于故宫所藏书籍的版本问题，《故宫藏〈嘉兴藏〉》[21]一文向读者介绍了清宫所藏《嘉兴藏》佛经的书影及考证。《故宫藏永乐北藏重刊谈略》[22]考证了永乐北藏的刊刻时间、成书时间，将故宫所藏藏品的书影刊载数幅，有考证有论据。《明清内府写本的鉴定——以故宫收藏为例》[23]一文以故宫所藏善本为例，列举内府写本的鉴定方法与实例。

《清代内府铜版画刊刻述略》[24]和《铜版御制避暑山庄三十六景诗图重刊谈略》[25]两篇文章则是介绍宫中所藏铜版，前文已述，只讨论木刻雕版，故铜版不在此研究讨论范围之内，但铜版也是和雕版同时进行文物清理后梳理清楚的，目前尚存有5995块。

(四)明清宫廷刊书历史研究

关于清宫藏书的研究，《清宫藏书》[26]一书概括总结了故宫博物院所藏图书的来源、分类与研究，书中文字档案详细，对了解故宫藏书、藏版的源流具有很大的参考作用。

《清代内府刻书图录》[27]以图文并茂的形式，首次向世人展示了清宫内府所刻之书，给人以新的视角。《清内府刻书档案史料汇编》[28]将与内府刻书相关的档案进行了整理汇集，为研究清宫刻书提供了资料的便利。

《清代宫廷刻书》[29]和《清代宫廷版画》[30]两本书简要介绍了清代宫廷的刻书，概括了清代宫廷修书、刻书、印书的场景。

《藏传佛教众神：乾隆满文大藏经绘画》[31]一书的出版，是在对尘封了两个多世纪的数万块经版的重新清理修补基础上，将残缺部分补足，印成目前最为完整的《满文大藏经》并展示给世人。《满文〈大藏经〉藏传佛教绘画》[32]着重介绍了其经版上的绘画。《满文大藏经》中的插图不仅色彩鲜艳，而且尊神的法器、手印、坐姿均非常清晰，图像学研究价值极高。

《故宫博物院藏品大系：善本特藏编18·内府雕版（上）》[33]《故宫博物院藏品大系：善本特藏编19·内府雕版（中）》[34]《故宫博物院藏品大系：善本特藏编20·内府雕版（下）》[35]三本书从清宫藏内府雕版实物图像出发，从23万件雕版实物中选取最具代表性的、最精美的雕版影像进行了尺寸、刊刻时代及作者信息的注录。将存藏在禁宫中鲜为人知的雕版呈现给世人，推动了清宫雕版在学术界的影响力。

《清代内府刻书研究》[36]一书依据大量原始资料，对清内府刻书条分缕析，务求详明有据，以再现清代内府刻书的辉煌。全面揭示了清代内府刻书的基本面貌和主要特点，是清代宫廷史研究的一部力作。

《文明倒影：清代内府雕版遗珍》[37]一书从清宫藏雕版中选取百余幅影像进行注录，较《故宫博物院藏品大系·内府雕版》简洁，用言简意赅的语言介绍故宫雕版存藏情况。具有很强的实用性，性价比较高。

《清代宫廷版画集萃》[38]以图文并茂的形式，将清代宫廷书籍与雕版中保存较精美的版画收录，并进行注录研究，图像美术学研究价值较高。

（五）田野调查与文物影像采集

近二十年来，故宫清宫雕版研究在充分利用馆藏资源的基础上，在雕版艺术史和佛教史研究方面取得了一批重要成果。

田野调查方面，2015年10月，故宫博物院雕版组考察福州鼓山涌泉寺、连城四堡刻书坊等，撰写了《福建涌泉寺与四堡刻书坊考察报告》，之后又对扬州雕版博物馆及金陵刻经处等地进行了考察。

雕版文物保护方面，自2017年5月起，注重文物信息基本影像采集工作。共计完成3万余件文物的影像照片采集与细编目的注录。

四、研究前景及展望

近二十年以来，故宫博物院以馆藏文物为基础，在清宫雕版研究领域，尤其是清宫旧藏雕版文化探索方面取得了重大成果，并积极参与学术研讨会，拓展了学术视野，扩大了研究领域，取得了明显的成绩。今后的发展方向为：

1.完善影像及编目信息：继续对文物信息基本影像采集系统进行完善，及编目的细化与调整。

2.夯实库房保管与研究的基础：加强对故宫雕版藏品的整理、研究与分类。如有可能，可细化雕版文物库房的分类，如佛经版、书籍版、公文版、档案版、铜版与石版[39]。

3.加强与国内外学术机构的合作与交流，积极参与学术会议，定期开展专题学术讲座等活动。有计划地出版一批雕版文物图集，提高清宫雕版文物研究的学术地位和影响力。

该成果得到北京故宫文物保护基金会学术故宫"英才计划"专项经费资助。

①罗文华：《故宫博物院所藏藏传佛教文物概述》，《中国藏学》2010年第1期增刊。

②《龙藏》，也称《清藏》或《乾隆版大藏经》，从雍正十一年（1733）开始设馆编纂，十三年（1735）正式开雕，至乾隆四年（1739）完成，共刷印100部，分藏各地寺庙。此次供奉的《龙藏》一套即是其中之一。中国第一历史档案馆藏《奏销档》胶片107第344页。

③马骥越：《故宫博物院藏传佛教学术研究史（1925—2015）》，《故宫学刊》2015年第3期。

④杨玉良：《清〈龙藏经〉的刊刷情况拾遗》，《故宫博物院院刊》1989年第4期。

⑤李国强：《康熙朱印藏文〈甘珠尔〉谈略》，《故宫博物院院刊》1999年第4期。

⑥朱赛虹等：《清宫盛世典籍文化展武英殿再溢书香》，《紫禁城》2005年第4期。

⑦李士娟：《清宫遗存孤本医籍考》，《中国中医基础医学杂志》2012年第12期。

⑧李福敏：《故宫博物院藏清内务府陈设档》，《历史档案》2004年第1期。

⑨李士娟：《雍正朝内府刻书概略》，《历史档案》2012年第1期。

⑩李士娟：《康熙帝皇子教育探究——以皇子参与内府编纂书籍为例》，载清代宫廷史研究会、文化部恭王府管理中心编：《清宫史研究》（第十一辑），文化艺术出版社，2013年。

⑪翁连溪：《嘉庆殿本大清会典图——稀见的古籍装帧及版刻形式》，《紫禁城》2002年第3期。

⑫翁连溪：《清宫武英殿刻书》，《中国典籍与文化》2000年第4期。

⑬翁连溪：《清内府武英殿刊刻版画》，《收藏家》2001年第8期。

⑭翁连溪：《满文〈大藏经〉中的插图版画》，《紫禁城》2001年第4期。

⑮翁连溪：《清代内府印刷品：雕版印刷技术研究新证物》，《中国社会科学报》2010年10月21日第11版。

⑯翁连溪：《清内府刊刻的满文大藏经》，《收藏家》2000年第3期。

⑰翁连溪：《乾隆版满文〈大藏经〉刊刻述略》，《故宫博物院院刊》2001年第6期。

⑱章宏伟：《〈清文全藏经〉译刻起止时间研究》，《社会科学战线》2006年第5期。

⑲章宏伟先生认为开始翻译即为开工时间，这是正确的，即开工译经时间至少不晚于乾隆三十六年（1771）十二月十六日。

⑳章宏伟：《〈清文翻译全藏经〉丛考》，《满语研究》2008年第2期。

㉑翁连溪：《故宫藏〈嘉兴藏〉》，《紫禁城》1999年第1期。

㉒翁连溪：《故宫藏永乐北藏重刊谈略》，《收藏家》2001年第1期。

㉓翁连溪：《明清内府写本的鉴定——以故宫收藏为例》，《紫禁城》2008年第5期。

㉔翁连溪：《清代内府铜版画刊刻述略》，《故宫博物院院刊》2001年第4期。

㉕翁连溪、马文大：《铜版御制避暑山庄三十六景诗图重刊谈略》，《收藏家》2002年第11期。

㉖齐秀梅、杨玉良等：《清宫藏书》，紫禁城出版社，2005年。

㉗翁连溪：《清代内府刻书图录》，北京出版社，2004年。

㉘翁连溪：《清内府刻书档案史料汇编》，广陵书社，2007年。

㉙翁连溪：《清代宫廷刻书》，紫禁城出版社，2001年。

㉚翁连溪：《清代宫廷版画》，文物出版社，2001年。

㉛故宫博物院编：《藏传佛教众神：乾隆满文大藏经绘画》，紫禁城出版社，2003年。

㉜罗文华：《满文〈大藏经〉藏传佛教绘画》，《中国书画》2004年第3期。

㉝故宫博物院编：《故宫博物院藏品大系：善本特藏编18·内府雕版（上）》，故宫出版社，2014年。

㉞故宫博物院编：《故宫博物院藏品大系：善本特藏编19·内府雕版（中）》，故宫出版社，2014年。

㉟故宫博物院编：《故宫博物院藏品大系：善本特藏编20·内府雕版（下）》，故宫出版社，2014年。

㊱翁连溪：《清代内府刻书研究》，故宫出版社，2013年。

㊲故宫博物院编：《文明倒影：清代内府雕版遗珍》，故宫出版社，2016年。

㊳袁理、翁连溪编：《清代宫廷版画集萃》，故宫出版社，2021年。

㊴清宫旧藏铜版、石版目前由故宫博物院雕版组保管，但此类文物并非雕版研究的范畴，若有可能，可独立其分支。

（作者单位：故宫博物院）

浅析清末民初中国铁路老照片

——兼论詹天佑与同生照相馆的铁路摄影

陈 哲

清末民初这一时期与铁路相关的老照片，见证了铁路在近代中国的蹒跚起步与艰难发展，不仅体现了摄影的实用性与艺术性，还兼具图像史料价值，与文书档案一样起到史证作用。本文结合文献及图片资料，分析清末民初铁路老照片的类型及内容，探讨这一新旧更迭极为剧烈的时期，铁路建设、摄影观念及技术的发展变化，冀为当下的中国铁路史、摄影史、社会风俗史的研究及影像资料的利用提供些许参考。

一、铁路进入中国之初的纪实性照片

这类照片主要记录了作为西方极新巧、逞智能之新事物的火轮车初入中国的情景，包括施工、运输、通车典礼等情景，以吴淞铁路、唐胥铁路等早期铁路的照片最具代表性，但由于年代久远及照片纸基材质等因素，这类照片原片稀少且零散，有些仅在一些资料著录中隐约窥见其存在的痕迹，大多数照片没有署名，摄影者较难考证。

以吴淞铁路为例，作为中国第一条铁路，从1876年6月30日上海至江湾段竣工通车到1877年10月21日关闭，随后被

沈葆桢下令拆除[①]，存世不足两年，是中国铁路史上罕见的短命线路，但它的身影被摄影师用镜头清晰地保留了下来。

最早拍摄吴淞铁路的摄影师目前已知的有英国的威廉·桑德斯与美国的洛伦佐·F.菲斯勒，1876年7月新版的《远东》杂志曾提到两人作为杂志摄影师共同前往拍摄吴淞铁路通车典礼[②]。威廉·桑德斯拍摄的原片散佚，目前可以通过1876年9月2日《伦敦新闻画报》刊发的吴淞铁路通车典礼场景的版画OPENING OF THE FIRST RAILWAY IN CHINA　THE FIRST TRAIN STARTING FROM SHANGHAI大致了解照片的内容，因为该版画是以桑德斯的照片为母本制作的，画面中有满载外国人的火车

图一 "吴淞铁路上海至江湾段开通运营典礼"（《中国摄影史：西方摄影师1861—1879》中国摄影出版社，2013年，第101页）

和在一旁围观的中国人（图一）。至于洛伦佐·F.菲斯勒拍摄的吴淞铁路原片，目前并未发现有存世的，但1876年7月8日出版的《北华捷报及最高法庭与领事馆杂志》对他拍摄的照片有如下描述③：

菲斯勒先生为我们提供了一张通车典礼的照片。照片为通车前一刻拍摄，车厢中很多乘客的面容都清晰可辨，窗口和车厢梯子上站着很多知名人士。

火轮车肇行于沪埠，对其深感兴趣的不仅有外籍人士，还有扎根上海本土的《申报》。《申报》一直对吴淞铁路的修建持支持态度，并对其命运走向给予了高度的关注，在吴淞铁路存续的一年多时间里，有据可查的相关报道与议论就多达80余次④。但由于当时的印刷技术无法将照片印到报纸上，加之《申报》没有专业的摄影记者，故通车典礼之时并未派人拍摄照片。事后《申报》察觉拍摄火车既能向民众做宣传又有利可图，于是委托上海的日成照相馆前往拍摄新通车的吴淞铁路，日成照相馆于1876年7月15日在《申报》登载了一则广告⑤：

拍照火轮车

本店现蒙申报馆主托照上海至吴淞火轮车影象，以便装潢寄发各埠，订于此次礼拜，即明日念五日五点钟，本馆携带照相机器，前往停顿火车处照印。惟肖物图形，尤须点缀，故敢请绅商士庶、届时来前、俾同照入，庶形景更得热闹。想有雅兴者，定惠然肯来也。特此预布。

日成照相馆谨启

当时流行的火棉胶湿版法摄影需要较长的曝光时间，否则照片容易模糊甚至出现大片的虚影，为了让画面热闹又不至于拍糊，日成照相馆不得不邀请各色人物入镜摆拍。

图二 李鸿章与唐景星、伍廷芳等人立于专车之上的合影（采自《京奉铁路》相册，中国铁道博物馆藏）

相较于日成照相馆在"停顿火车处"拍照并广邀各界观众参与"点缀"以增加影像现场感的广而告之，李鸿章与唐景星、伍廷芳等人立于专车之上的合影则显得更加正式肃穆（图二）。1888年我国第一条官办铁路唐胥铁路展筑至天津⑥，史称唐津铁路，其中芦台至天津一段又称津沽铁路。1888年10月9日直隶总督李鸿章于津沽铁路竣工后，率同官商自天津乘坐火车至唐山，对分三段建成的长130千米的唐津铁路全线查验巡视⑦，回来后就计划筹议津通铁路⑧，而在此之前后，均无李鸿章视察铁路到过唐山的记录，推断这张照片应是此次视察的纪念照片，由此可见摄影已逐渐成为铁路通车仪式等重大活动及事件的必备环节，也为后期官方发行系列纪念性质的照相贴册埋下了伏笔。

二、铁路照相贴册

随着清末洋务运动的兴起，洋务派官员及买办在办工厂、开矿山之余，常常会着专人拍摄工程进展情况并制成照相贴册，以便更生动地向朝廷展现兴办洋务的成果。与铁路相关的照相贴册此时也开始出现，其按拍摄目的、照片内容，大体可归为三类。

第一类是由官方编制的照相贴册，除了作为政府的档案材料收存外，还充作政府在国际交往中的纪念册和礼品册，规格极高，发行数量少，存世所见更是寥寥无几。这类照相贴册的照片的洗印及制作装帧都十分考究，内页的文字介绍一般为中外文对照，其中以中国铁路总公司和承建京汉铁路的比利时公司联合摄制的《京汉铁路》相册最为典型。

《京汉铁路》相册封面采用"明黄色丝绵、黄铜包角、书口烫金"，封面四角还都镶嵌有金属制镂雕五爪盘龙纹三角形饰品，封面正中镶嵌着金属制五爪正龙旗帜状饰品，册脊还有烫双龙图案。扉页以中文法文对照印着四行字："中国铁路总公司""承造中国铁路比公司""京汉铁路""西一千八百九十九年至一千九百零五年"，内收14寸蛋白纸基照片50幅，用20寸厚卡纸裱贴装订而成，据相关资料记载，这是目前国内见到的尺寸最大、分量最重的纪事照相贴册[9]。照片内容为京汉铁路线上的桥梁隧道、车站厂房以及铁路机车，镜头少人物而多静态建筑物特写，其中不少建筑处于未完工状态。

第二类是官方出面组织、由国内照相馆拍摄并制作的铁路工程纪念相册，其既用于向官方呈奏，也用于铁路同人之间的赠送留念，部分内容得到官方允许后甚至可以在市面上发行。这类相册的发行数量相应较多，且同一相册还会有不同版本。

1909年同生照相馆制作的《京张路工摄影》属于这类纪念相册。作为中国人自主修建的首条铁路，京张铁路的修筑及通车受到了清政府的高度重视，不仅在钱款上大力支持避免工期延误，其竣工时的通车庆典南口茶会也是极一时之盛。1909年10月铁路正式通车前，京张铁路总工程局即"筹公款将建筑房厂、桥道、涵沟、峒山各工，次第择要，拍出照片。每片分别晒印全部半部各若干张，均汇集成卷，题

其名曰：'京张路工摄影'"[10]。

《京张路工摄影》存世版本众多，目前所见中国铁道博物馆所藏版本为183张、故宫博物院所藏版本为168张、北京市档案馆所藏为178张、中国国家博物馆所藏简本则为56张[11]。其中故宫收藏的《京张路工摄影》装帧较为特殊，不仅上下两卷相册的装具如意云纹函盒上贴有黄绫签，相册封面和其内的各张照片也以如意云纹黄绫装裱，这是当时宫中特有的装帧形式，可见这一套相册是上呈内廷专用的[12]。而其他版本的《京张路工摄影》封面、书脊、封底均为大红色绒缎面布（图三），封面正中镶嵌有铜制竖牌，上刻有"京张路工摄影（上卷或下卷）"字样。

第三类是铁路企业摄制的对外发行的相册，主要目的是对外树立企业形象，以便宣传、招商引资之用。这类相册的内容丰富程度往往会和企业的规模挂钩，其中通常会有铁路机构及附属厂矿管理人员的肖像写真，以及工人在厂房内劳作的场面。

中国铁道博物馆收藏的《京奉铁路》相册就是这类老照片。《京奉铁路》相册由京奉铁路天津总局于1919年底摄制，是记录京奉铁路历史的珍贵史料。相册长35厘米、宽28厘米、厚7厘米，相册脊部装订处轻微破损，相册封面有烫金的"C. G. R. Peking—Mukden Line"字样（图

图三 《京张路工摄影》上卷（中国铁道博物馆藏）

图四 《京奉铁路》相册（中国铁道博物馆藏）

图五 京奉铁路天津总局（采自《京奉铁路》相册，中国铁道博物馆藏）

四），即国有京奉铁路的缩写。相册的照片内有英文标注内容，照片的下方用中文标注说明，共收录125张银盐纸基照片，包括京奉铁路天津总局（图五）、机构人员写真，沿线站房、桥梁以及新河材料厂、唐山制造厂、山海关铁工厂、沟帮子制造分厂等建筑设施，鲜活生动地展示了京奉铁路及其附属机构的企业现状和历史沿革。

三、铁路人物写真

清末民初中国的许多铁路均系借外资修筑，因此铁路主管大多精通外文。在铁路专业技术人员方面，随着詹天佑崭露头角，铁路工程人才或有留学背景，或毕业于国内的铁路专门学堂，受新式教育影响，作风思想都较前人开明。加之近代铁

路员工的待遇较其他行政机构为佳，清末唐绍仪主持路政时，即以交通事业易于贪污为由，力主用人需厚其廉给，使无后顾之忧[13]。开放的思想，加之优厚的待遇，使得当时的铁路管理或工程人员对摄影并不排斥，保存下来的照片不仅有工作场景的记录，也包括个人肖像照及私人生活的留影等，这也是清末民初铁路老照片的重要组成部分。

以詹天佑为例，作为中国第一批留美幼童，他较早就接触到摄影，在耶鲁求学期间就与同学留下不少合影（图六）。回国后，詹天佑也热衷于用相机记录自己的生活，留下了不少闲适的居家生活照。在詹天佑纪念馆收藏的詹天佑保存的41张玻璃底片中，不仅有詹天佑父母、子女、亲眷友人的肖像及合影，也有一些工作场景的照片，包括詹天佑修筑关内外铁路时期拍摄的住所照片（图七），以及修筑滦河铁桥的场景（图八）。这些照片中人物的表情都比较自然不显拘谨，可见对摄影并不陌生。

图六 1881年中华棒球队合影，后排右二为詹天佑（原詹天佑保存，现存中国铁道博物馆）

研究清末民初的铁路摄影，北京同生照相馆是个绕不开的话题，但詹天佑与同生照相馆馆主谭景棠的密切交往却很少被研究者提及。同生照相馆的早期发迹主要是依靠拍摄一系列有影响力的铁路工程作品，上文提到的《京张路工撮影》就是其中最著名者，而这背后离不开詹天佑的大力支持。除开詹天佑的岳父谭伯邨与谭景棠是同乡同族，詹天佑本人与谭景棠私下的交情也甚笃。1909年5月28日詹天佑奉邮传部的旨意从北京前往上海验收商办苏省铁路有限公司新建成的沪嘉铁路⑭，此时同生照相馆才刚于1908年腊月成立⑮，谭锦棠就得以跟随左右拍摄照片，后制成《苏省铁路》一册。这一时期詹天佑与家人也经常光顾同生照相馆，留下了不少温馨的合影（图九）。

对当时的照相馆来说，铁路工程类纪

图七　1899年詹天佑设在关外铁路工地的家（原詹天佑保存，现存中国铁道博物馆）

图八　滦河铁桥施工现场（原詹天佑保存，现存中国铁道博物馆）

图九　詹天佑与詹文裕合影（武汉詹天佑故居纪念馆藏）

事照片纪实性和新闻性极强，十分耗费精力，且准入门槛和拍摄成本高，没有多少人有能力和动力去现场拍摄纯粹的铁路工程照片来销售。因此，早期从事铁路摄影的摄影师或照相馆，多是受官方邀请、应官方要求或是与官方有密切关系者。在詹天佑的支持下，谭景棠主持了不少铁路工程的拍摄，特别是获得了拍摄《京张路工撮影》（下文简称《撮影》）的机会。照片制作完成后，詹天佑对《撮影》十分满意，将其作为纪念品分赠友人。如袁世凯就曾得到詹天佑馈赠的《撮影》，其于宣统元年十二月二十八日（1910年2月7日）回复詹天佑的信中提道：“京张全路告葳，皆赖执事总司建造，力果心精，故得克期竣事，中外耸观展览。嘉贶全部撮影，八达岭工程既极艰巨，其余桥梁山洞靡不一律精坚，目想神游，至深倾服”⑯。

1910年4月16日至5月15日，同生照相馆曾在《申报》连续刊登这样一条广告：“敝馆之摄影术久为仕商所推许，无论人物山水，凡经撮摄，莫不惟妙惟肖，前者沪宁铁路及苏杭铁路竣工，其全路建筑之形势皆经敝馆撮摄，一时传为神肖。去年邮传部京张铁路告成，所有房厂桥峒一切工程建筑之形势，亦系敝馆所摄。蒙总工程司詹君天佑给敝馆主人谭景棠‘精工速肖’四字奖牌，并许另晒全路照片出售。如有欲觅胜迹者请速临购取，价值面议，格外公道，恐未周知，特此布告。北四川路老白渡桥同生照相铺。"⑰可见当时的同生照相馆获得了詹天佑的允许，可以向社会出售《撮影》，头脑灵活的谭景棠还将詹天佑赠送的"精工速肖"奖牌印在同生照相馆的照片卡纸上，作为自己的特色招牌。

拍摄京张铁路给同生照相馆带来了极大的社会声誉，也让谭景棠萌生了在北京经营的想法，1910年谭景棠在廊房头条西口路北开设了同生分号，并继续进行铁路摄影。同生照相馆于1912年摄制了《津浦铁路南段摄影集》，是继《京张路工撮影》之后的又一铁路工程力作，共收录50张银盐纸基照片，内容涵盖津浦铁路南段的线路、桥梁、车站、厂房、机车车辆，以及沿线地形、黄河故道风貌、工程师和工作人员的合影等，不过其内页的印签已变成了"本号开在上海虹口北四川路，分号开在北京廊房头条胡同"⑱。此外，同生照相馆再次受京张铁路局邀请，于1916年8月拍摄完成《京师环城铁路工程撮影》，共收录银盐纸基照片22幅。

1915年北上发展的谭景棠因急病去世，其夫人携幼子勉力经营同生，詹天佑对其十分关照。詹天佑不同时期的重要肖像照目前所见大部分都是在同生照相馆拍摄的，包括1913年任职民国政府首任交通部技监、1916年年底接受香港大学名誉法学博士学位、1918年任职全国铁路技术委员会会长的肖像照。特别是身穿博士袍的肖像照（图一〇），詹天佑不仅在这张照片上题字送给身边的亲朋好友，还将其寄给自己的美国同学，迄今还被保留于耶鲁大学图书馆。此外詹天佑的工程助手邝孙谋、颜德庆、沈琪、俞人凤、陈西林、翟兆麟、柴俊畴等人也都在北京同生照相馆拍摄过肖像照，其中不少照片被这些工程师的后人们捐赠给了詹天佑纪念馆收藏。

除了铁路工作人员的个人肖像照外，这一时期的铁路团体也摄制发行了不少铁路人员的相册。如民国时期规模最大、持续时间最长的非官方铁路组织中华全国

铁路协会，就曾在成立之初制作过《中华全国铁路协会本部职员写真册》（图一一），共收录74幅个人写真，包括会长、副会长各1人，评议部29人，执行部13人，调查部19人，编辑部11人，梁士诒、叶恭绰、詹天佑等人皆在其中。与早期的照相贴册不同，它不再将原底洗印的照片粘贴于卡纸上，而是采用黑白凸版印刷。

四、铁路沿线风貌照片

清末民初，一些外国铁路工程师受政府委托进入中国内地勘察地形选线修路，留下了不少影像资料。这类照片目前国内所见较少，常出现在外国铁路工程师的勘察记录及发表的论文、游记中，内容主要

图一〇 詹天佑工学博士肖像照（耶鲁大学图书馆藏）

图一一 中华全国铁路协会本部职员写真册（中国铁道博物馆藏）

涉及铁路沿途的风俗地貌，其中较为人所知的有柏生士和凯尔所拍摄的照片。

美国著名土木工程师柏生士于1898年受美国合兴公司之托，以总工程司名义率领铁路工程人员来华，在张之洞和盛宣怀的关照下，测量汉口至广州的地形，为建造粤汉铁路做前期准备。柏生士的勘测从汉口开始，经湖南衡阳、郴州等地，至广州结束，长度为742英里，勘查内容涵盖鄂、湘、粤三省的地形、地质以及与修筑铁路相关的其他因素。此外，他还考察了所到之处的社会经济、风土人情，对当时的商业贸易、财政状况、建筑、交通等都有所观察。柏生士外出工作时随身携带照相机，留下了一批反映当时社会风貌的照片，部分收录在他的著作An American Engineer in China中。

1918年5月1日和1919年9月15日美国裕中公司分两次向北洋政府交通部呈递了关于周襄铁路建设的可行性报告，名为《周襄铁路勘测报告》[19]。清末至民初的交通部一直试图修建一条四川与湖北之间的铁路，即川汉铁路。为了证明川豫路线更有优势，裕中公司的工程师凯尔（G. A. Cale）在勘察周襄铁路的同时，还对交通部拟议中的川汉铁路途经三峡的部分线路进行了勘测，并拍摄了沿途的山川地形（图一二），用以说明川汉路线施工艰难、成本昂巨。《周襄铁路勘测报告》中不仅有勘探数据与图表，还有用相机记录

的铁路沿线的山脉、村庄、田野、河流。此外照片下方标注的地方人文物产也非常详细，进而向当时的中国政府论证了铁路将给当地带来的变化和价值。

清末民初勘测铁路线路而对沿线地区考察拍摄的记录照片，逐渐演变为铁路沿线名胜风光照。民国时期，随着铁路在中国大地的延伸，摄影师开始沿着铁路线拍摄名胜古迹，不同的铁路沿线的相关风光影集也应运而生，成套的铁路沿线风光明信片被印制发行，后因抗战戛然而止，此不赘述。

五、清末民初中国铁路老照片的价值

古代中国一直有图文并重的学术传统，以"左图右史"强调"图"与"书"并举对治学的重要性："古之学者为学有要，置图于左，置书于右；索象于图，索理于书。故人亦易为学，学亦易为功，举而措之，如执左契。"[20]由于历史文化发展走向的偏颇和绘制、印刷技艺的限制，"图"的传统日渐式微，直至近代，西方摄影术的传入让这一传统得到重振，而"图"的概念也有了质的变化。摄影不仅作为一门独立的艺术得到蓬勃发展，而且

图一二 新滩古镇下滩沱向上游眺望，可见陡峭的兵书峡口（凯尔摄，采自《绝版长江：1910年代的铁路营造与沿途风物》，2007年，广西师范大学出版社，第138页）

因其真实记录的功能，在社会各个领域中逐渐占据重要地位。回首过去的百年，摄影术的发明和应用几乎与近代中国的发展进程同步，这一巧合使其得以完整地记录中国近现代历史特别是铁路的发展历程，使今人有机会将无数零散的铁路老照片连接成一幅曲折的历史长卷。

铁路作为世界工业史上最具有变革性的交通工具，在晚清之际进入中国，其最初的发展堪称历经艰辛。1876年英国在上海擅修吴淞铁路，引发清政府内部洋务派与保守派是否修建铁路旷日持久的论战。由于清末民初的中国在政治、经济、技术、人才等各方面的力量均相当薄弱，中国铁路的建设或依靠外国直接修路或借外债自行修筑，铁路的筑路和经营多掌握在欧美列强手中，所以近代中国的铁路发展史也称得上是一部殖民史。其中，英国获得了津浦铁路南段和广九铁路的筑路权，俄国获准修筑东清铁路，法国获准修筑滇越铁路，德国获准修筑津浦铁路北段和胶济铁路，日本也获得在东北和山东修筑铁路的权利。这些铁路都留下了图片资料，如法国拍摄的《滇越铁路影集》、日本官方制作的《山东铁路沿线写真帖》、同芳照相馆拍摄的《正太铁路合影》等。越来越多的早期铁路影像正在被挖掘、被收藏、被研究，将为我们研究近代中国历史提供更真切具象的帮助。

六、结语

历史可以由文字来书写，也可以用图像来记载，两者互有所长，不可偏废。当代人越来越意识到晚清以来的老照片的价值——用具体的图像来反映重大事件的经过，人物的生平，城市的变化，比起单纯的文献记录要更加真实生动。其中清末民初的铁路相关老照片，数量庞大，内容丰富，将当时的工程建筑、人物形象及空间信息永久封存于载体之上，成为特定的一段历史记录。对其进行深入研究和利用，

挖掘照片背后的历史信息，不仅丰富了中国近现代铁路史及摄影史的内涵，让世人重新认识其社会人文价值；也与现代信息时代人们的读图心理相契合，最终实现历史研究与传统文化传播样式的嬗递创新。

①中国铁路史编辑研究中心编：《中国铁路大事记（1876—1995）》，中国铁道出版社，1996年，第2页。

②③[英]泰瑞·贝内特著、徐婷婷译：《中国摄影史：西方摄影师1861—1879》，中国摄影出版社，2013年，第118页。

④张丽华：《1874—1877年〈申报〉里的"吴淞铁路事件"》，《东方文化》2003年第5期。

⑤《拍照火轮车》，《申报》1876年7月15日，第5版。

⑥金士宣、徐文述编著：《中国铁路发展史（1876—1949）》，中国铁道出版社，2000年，第13页。

⑦中国铁路史编辑研究中心编：《中国铁路大事记（1876—1995）》，中国铁道出版社，1996年，第6页。

⑧《致醇邸：海军照章定议并筹津通铁路》，顾廷龙、戴逸主编：《李鸿章全集》第34册(信函六)，安徽教育出版社，2008年，第421页。

⑨马运增、陈申、胡志川、钱章表、彭永祥编著：《中国摄影史1840—1937》，中国摄影出版社，1987年，第84页。

⑩《京张铁路总工程司詹天佑启示》，宣统二年（1910）正月十五日，转引自仝冰雪：《中国照相馆史》，中国摄影出版社，2016年，第343页。

⑪李琮：《中国国家博物馆藏〈京张路工撮影〉研究》，《中国国家博物馆馆刊》2020年第7期。

⑫杨国彭：《故宫博物院藏〈京张路工撮影〉》，《北京档案》2018年第6期。

⑬张瑞德：《中国近代铁路事业管理研究——政治层面的分析（1876—1937）》，中华书局，2020年5月，第190页。

⑭《詹天佑禀复邮传部验收苏路工竣情形》，《申报》1909年7月16日。

⑮仝冰雪：《中国照相馆史》，中国摄影出版社，2016年，第343页。

⑯骆宝善评点：《骆宝善评点袁世凯函牍》，岳麓书社，2005年，第260页。

⑰《广告》，《申报》1910年4月16日，第6版。

⑱《同生照相楼广告标签》，1912年，转引自全冰雪：《中国照相馆史》，中国摄影出版社，2016年，第349页。

⑲冯金声：《中国西南铁路纪事》，西南交通大学出版社，2017年，第83页。

⑳[宋]郑樵：《通志略·图谱略·索象》，上海古籍出版社，1990年，第729页。

（作者单位：中国铁道博物馆）

（上接第48页）

该院内正殿、后殿及东群房进行修缮，其余西群房（坍破小房）及后建之照像室拆除清理。现经设计完竣，预计需款一万两千八百元。谨检自面说，预示呈请核示。"

㉛《恭建寿康宫奏销黄册》083号，乾隆二年，中国第一历史档案馆藏。载："头所、二所门房两座，每座五间。耳房四间，后所东厢房十间，头所前厢房七间。上架材梁彩画雅伍墨、花锦枋心。椽子刷绿，彩画烟琢墨万字、宝珠。" 杨红《浅析寿康宫区建筑彩画的历史演变》（中国紫禁城学会：《中国紫禁城学会论文集》第六辑（下），紫禁城出版社，2011年，第737页）写道："只有寿康宫正殿明间脊部彩画、东三宫二所门房内檐彩画两处是乾隆时期遗迹，其余彩画均为后代所重绘。"

㉜㉝"道光三十年，此区域进行第二次维修保养，对副宫殿区北院三宫殿、东院三所殿建筑进行过彩画维修。这期间的维修，对东二所正殿乾隆彩画进行过色还新，对东二所两座耳房及门房彩画重新

绘制。"见杨红：《浅析寿康宫区建筑彩画的历史演变》，《中国紫禁城学会论文集》第六辑（下），紫禁城出版社，2011年4月，第762页。

㉞内务府《奏销档》之《奏为勘明应修各工拟请择要修理事折》，827-108-15-043号，1890年，中国第一历史档案馆藏。

㉟《大清高宗纯皇帝实录》第三卷，乾隆元年十一月壬辰。

㊱[清]官修：《国朝宫史》卷十三"宫殿三"，清乾隆文渊阁四库全书抄本，第950页。

㊲[清]庆桂撰：《国朝宫史续编》卷六，清嘉庆十一年内府抄本，第32页。

㊳[清]庆桂撰：《国朝宫史续编》卷十九，清嘉庆十一年内府抄本，第113页。

㊴章乃炜、王蔼人编：《清宫述闻》，紫禁城出版社，1990年5月，第927—934页。

（作者单位：故宫博物院）

北京朝阳区金盏西村元代、清代墓葬发掘简报

北京市考古研究院　山西大学

2021年12月，为配合基本建设工程的开展，北京市考古研究院、山西大学对北京市朝阳区金盏乡金盏西村部分区域进行了考古勘探、发掘工作。发掘区位于朝阳区东北部，北邻金盏路，东邻机场第二高速，南邻平谷线，西邻东苇路。地块经纬度坐标为X:116°34′8.47″，Y:40°0′3.81″（图一）。此次共发掘墓葬7座，编号M1—M7，其中清代墓葬6座，均为竖穴土坑墓，编号M1—M6；元代墓葬1座，为砖室墓，编号M7（图二）。现将发掘情况报告如下。

一、地层情况

此次发掘区域地层堆积基本一致，大致可分为2层：

第1层：呈黄褐色，土质较硬，无包含物，厚约0.25—0.30米左右，分布整个区域，为现代人类活动层。此次发现的墓葬均开口在该层下。

第2层：呈浅褐色，土质较疏松，无包含物，距现地表约0.30—0.60米，分布整个区域。2层下为生土层。

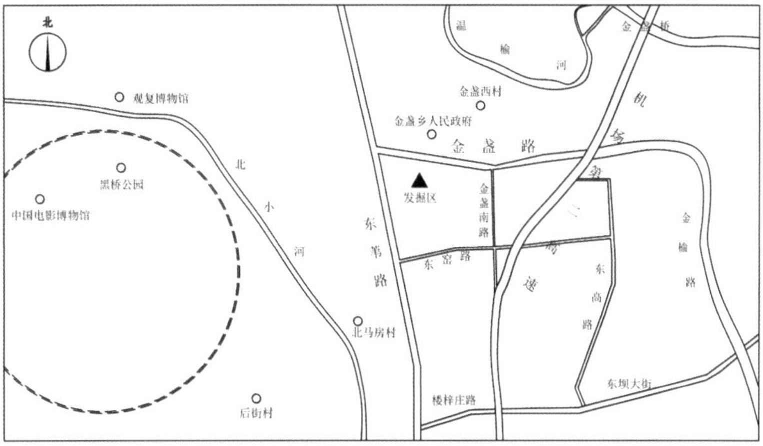

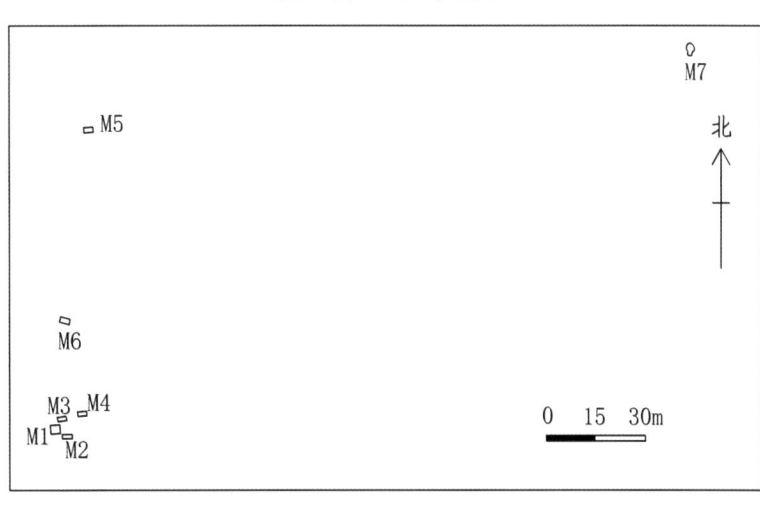

图一　发掘区地理位置图

图二　墓葬分布图

二、元代墓葬

M7 位于发掘区东北部，与清代墓葬相距约200米。开口于①层下，打破②层至生土，南北向，方向188°。墓葬平面呈"甲"字形，为竖穴土圹单室砖室。墓口距地表深0.50米，墓底距地表深1.05米。墓圹南北长3.40米，东西宽0.87—2.16米。由墓道、墓门和墓室三部分组成。用砖为泥质青砖，素面，规格为0.36米×0.18米×0.05米（图三；图四；照片一）。

墓道 位于墓圹南部正中，长方形竖穴式土坑，直壁向下，底呈斜坡状。南北长0.96米，东西宽0.87米，深0—0.55米，坡长1.12米，坡度30°。内填黄褐色花土，土质较疏松。

墓门 连接墓道和墓室，平面呈长方形。由于破坏严重，上部大部分已无存。东西宽0.82米，残高0.42米，进深0.37米。两侧砖墙以三平一丁叠砌向上。封门用青砖以一平一立向上砌筑。宽0.40米，残高0.42米，进深0.18米。

墓室 位于墓门北部，平面呈近圆形。由于破坏严重，上部已无存。南北长2.0米，东西宽2.16米，深0.55米。砖墙以三平一丁向上砌筑。墓室北部砌有棺床，平面呈长方形。长0.70米，宽0.76米，残高0.26米。以一丁一平向上砌筑，内填熟土。未见铺地砖。墓室内未见葬具，仅存部分烧骨散落于墓室。

随葬器物 陶釜、陶盆、陶鼎、陶执壶、陶碗各1件，铜钱5枚。

陶釜 1件。标本M7：3，泥质灰陶。敛口，尖圆唇，腹部有坡形鋬耳六个，深弧腹，平底。轮制。口径6.6厘米，底径4.2厘米，高4.8厘米（图五，1；照片二；照片三）。

陶碗 1件。标本M7：2，泥质灰陶。敞口，尖圆唇，弧腹，平底。口径8.1厘米，底径5.1厘米，高3.2厘米（图五，2；照片四）。

陶执壶 1件。标本M7：1，泥质灰陶。敞口，圆唇，深弧腹，平底，肩部一侧有流，另一侧有柄。口径4.6厘米，底径3.1厘米，高7.9厘米（图五，3；照片五）。

陶鼎 1件。标本M7：4，泥质灰陶。敞口，斜方唇，深直腹，平底，鸭嘴状三

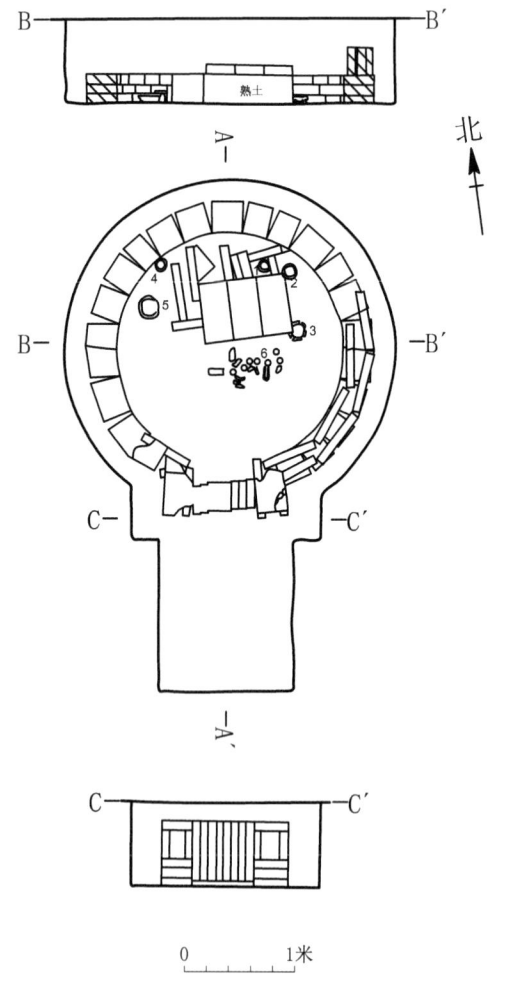

图三 M7平、剖面图

1.陶执壶 2.陶碗 3.陶釜 4.陶鼎 5.陶盆 6.铜钱

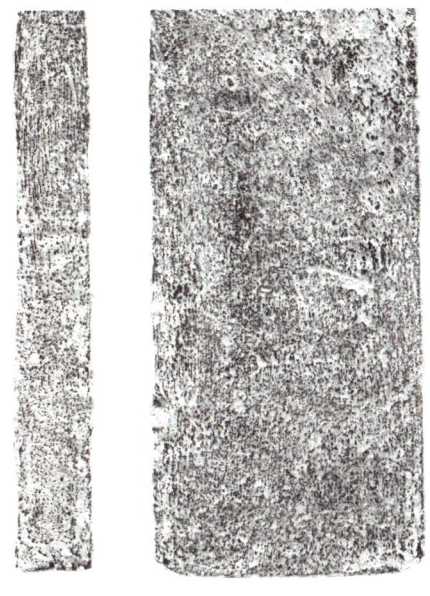

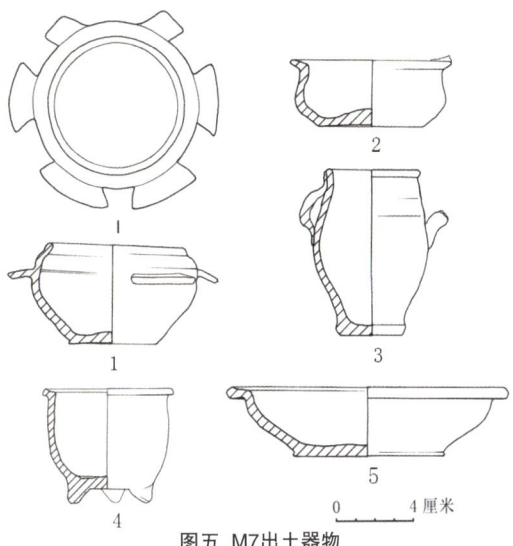

图五 M7出土器物
1.陶釜（M7：3） 2.陶碗（M7：2） 3.陶执壶（M7：1）
4.陶鼎（M7：4） 5.陶盆（M7：5）

图四 M7墓砖拓片

照片二 陶釜（M7：3）侧视图

照片一 M7完工照（南—北）

照片三 陶釜（M7：3）俯视图

足。口径8.5厘米，底径4.4厘米，高7.2厘米（图五，4；照片六）。

陶盆 1件。标本M7：5，泥质灰陶。敞口，尖圆唇，凸沿，浅弧腹，平底。轮制，通体有轮旋痕。口径14厘米，底径7.5

照片四 陶碗（M7：2）

照片六 陶鼎（M7：4）

照片五 陶执壶（M7：1）

照片七 陶盆（M7：5）

厘米，高3.3厘米（图五，5；照片七）。

铜钱 5枚。有开元通宝、皇宋通宝、元丰通宝、元符通宝。

开元通宝 1枚。标本M7：6-4，平钱，圆形，方穿，正、背面郭缘较窄，正面楷书"开元通宝"四字，对读，背穿上方铸半月纹。钱径2.3厘米，穿径0.7厘米，郭厚0.15厘米（图六，1）。

皇宋通宝 1枚。标本M7：6-2，平钱，圆形，方穿，正、背面郭缘较宽，正面篆书"皇宋通宝"四字，对读。钱径2.3厘米，穿径0.7厘米，郭厚0.15厘米（图六，2）。

元丰通宝 2枚。标本M7：6-1，平钱，圆形，方穿，正、背面郭缘略宽，正面篆书"元丰通宝"四字，旋读。钱径2.3厘米，穿径0.7厘米，郭厚0.15厘米（图

六，3）。标本M7：6-3，平钱，圆形，方穿，正、背面郭缘略宽，正面行书"元丰通宝"四字，旋读。钱径2.3厘米，穿径0.7厘米，郭厚0.15厘米（图六，4）。

元符通宝 1枚。标本M7：6-5，平钱，圆形，方穿，正、背面郭缘略宽，正面篆书"元符通宝"四字，旋读。钱

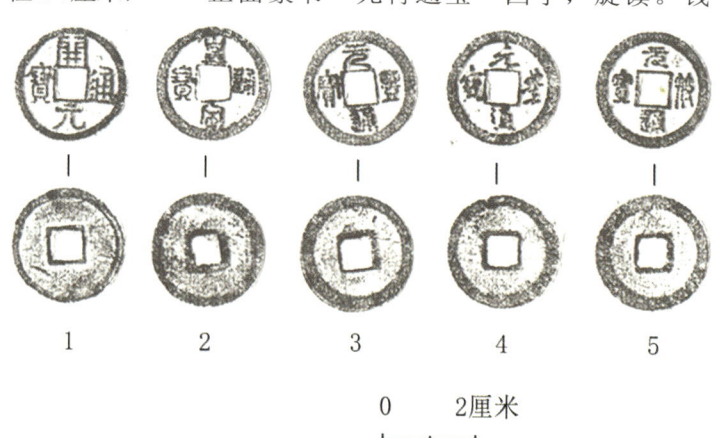

```
1         2         3         4         5

0      2厘米
```

图六 M7出土铜钱拓片

1.开元通宝（M7：6-4）2.皇宋通宝（M7：6-2）3、4.元丰通宝（M7：6-1、M7：6-3）5.元符通宝（M7：6-5）

径2.3厘米，穿径0.7厘米，郭厚0.15厘米
（图六，5）。

三、清代墓葬

本次发掘的7座墓葬中，M1—M6为清代竖穴土坑墓，M1—M4头向一致，埋葬集中，呈昭穆制度排列，应为一小型家族墓地，M5为空墓。

M1　位于发掘区西南部，北邻M3。开口于①层下，打破②层至生土，墓口距地表深0.50米，墓底距地表深2.10米，方向270°，东西向。竖穴土圹双室墓，平面呈长方形，北室打破南室。墓圹东西长2.60米，南北宽2.10米，墓底距墓口深1.60米。直壁、规整、平底。内填黄褐色花土，土质较疏松。

内置双棺，皆木质，由于腐朽严重，仅存棺痕。北棺平面呈长方形，东西长1.82米，南北宽0.54米，残高0.25米。内置骨架一具，保存较差，头向西，面向北，仰身直肢葬，性别判定为男性。墓主多个腰椎、胸椎生有骨刺。第一颗磨牙齿质暴露、第二颗磨牙髓腔暴露，牙齿唇侧磨耗严重。依据牙齿磨耗情况，推断年龄为60岁左右。南棺平面呈长方形，东西长1.78米，南北宽0.62米，残高0.30米。内置骨架一具，保存较差，头向西，面向不详，仰身直肢葬，性别鉴定为女性。依据牙齿磨耗情况，推断年龄为60岁左右（图七）。

随葬器物　银簪、银戒指、银扁方各1件，铜钱2枚。

银簪　1件。标本M1：3，簪首呈圆形片状，上部錾刻"寿"字，簪体呈圆锥形，背面对称錾刻"万华"字样。簪首直径1.9厘米，通长8.2厘米（图一二，1；照片九）。

银戒指　1枚。标本M1：4，椭圆形，中部锤揲成桃状，两端呈扁条锥形，背面錾刻"万华"字样。直径1.9厘米（图一二，2；照片一〇）。

银扁方　1件。标本M1：5，首卷曲成

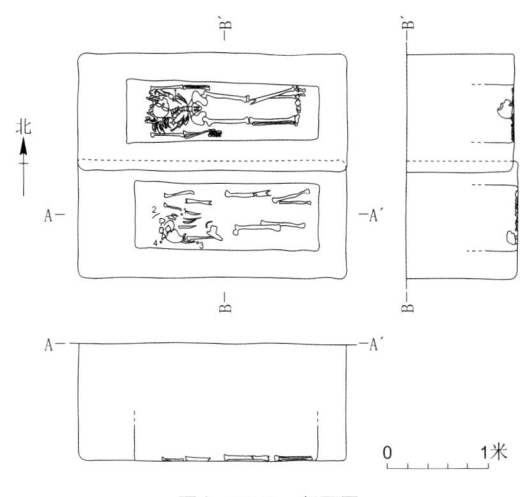

图七　M1平、剖面图

1、2.铜钱　3.银簪　4.银戒指　5.银扁方

筒状，向后弯曲，器体扁平呈长条弧形，末端圆弧状。首上部錾刻圆形篆书"寿"字纹，下方錾刻蝙蝠纹。背面竖款楷书"万华"字样。长9.2厘米，宽0.9厘米（图一二，3；照片一一）。

光绪通宝　2枚。平钱，圆形，方穿，正、背面郭缘略宽，正面楷书"光绪通宝"四字，对读，背穿左右为满文"宝泉"局名。标本M1：1，钱径2厘米，穿径0.6厘米，郭厚0.1厘米。标本M1：2，钱径2.1厘米，穿径0.6厘米，郭厚0.1厘米。

M2　位于发掘区西南部，北邻M1。开口于①层下，打破②层至生土，墓口距地表深0.50米，墓底距地表深1.30米，方向241°，东西向。竖穴土圹单室墓，平面呈长方形。墓圹东西长2.34米，南北宽1.0米，墓底距墓口深0.80米。直壁、规整、平底。内填黄褐色花土，土质较疏松。

墓内置单棺，平面呈长方形，木质，由于腐朽严重，仅存棺痕。东西长2.33米，南北宽1.01米，残高0.20米。内置骨架一具，保存较差，头向西，面向东，仰身直肢葬，性别鉴定为男性。墓主胸椎生有骨刺，前部牙齿唇侧磨耗严重。依据耻骨联合面形态结合牙齿磨耗，年龄推断为27—30岁（图八）。

随葬器物　铜钱2枚。

康熙通宝　2枚。平钱，圆形，方

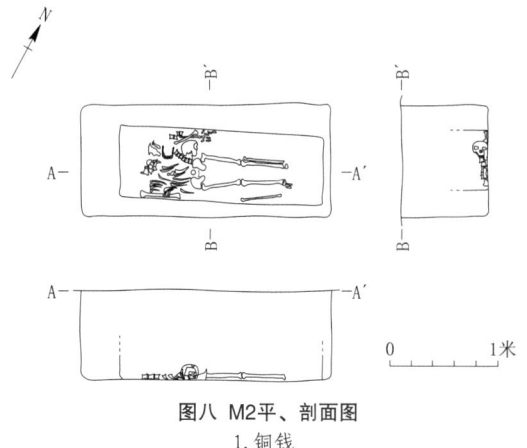

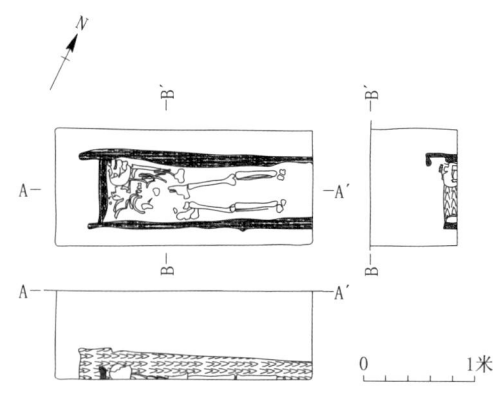

图八 M2平、剖面图

图九 M3平、剖面图

1.铜钱

穿，正、背面郭缘较宽，正面楷书"康熙通宝"四字，对读，背穿左右为满文"宝泉"局名。标本M2：1-1，钱径2.3厘米，穿径0.6厘米，郭厚0.1厘米。标本M2：1-2，钱径2.6厘米，穿径0.6厘米，郭厚0.1厘米。

M3 位于发掘区西南部，东邻M4。开口于①层下，打破②层至生土，墓口距地表深0.50米，墓底距地表深1.28米，方向244°，东西向。竖穴土圹单室墓，平面呈长方形。墓圹东西长2.32米，南北宽1.0米，墓底距墓口深0.78米。直壁、规整、平底。内填黄褐色花土，土质较疏松。

内置单棺，平面呈长方形，木质，上部及东侧棺木由于腐朽已无存，仅存棺痕，其余皆存有棺木。东西长2.10米，南北宽0.63—0.70米，残高0.12—0.28米，板厚0.03—0.07米。内置骨架一具，保存较差，上肢骨架较零乱，头向西，面向北，仰身直肢葬，性别为男性。依据牙齿磨耗和骨缝愈合情况，年龄推断为30—35岁（图九）。

随葬器物 未出土随葬品。

M4 位于发掘区西南部，西邻M3。开口于①层下，打破②层至生土，墓口距地表深0.50米，墓底距地表深2.10

米，方向270°，东西向。竖穴土圹单室墓，平面呈长方形。墓圹东西长2.50米，南北宽1.0米，墓底距墓口深1.60米。直壁、规整、平底。内填黄褐色花土，土质较疏松。

内置单棺，平面呈长方形，木质，保存完整。东西长2.10米，南北宽0.65—0.81米，残高0.66—0.75米，西高东低，板厚0.06—0.10米。内置骨架一具，保存较差，骨骼零乱，头向西，面向西，葬式不详，性别为男性。依据耻骨联合面形态接近4级、第一颗磨牙磨耗为2级，年龄鉴定为24—26岁（图一〇）。

随葬器物 未出土随葬品。

M6 位于发掘区西部，南邻M3。开口于①层下，打破②层至生土，墓口距地表深0.50米，墓底距地表深1.15米，方向280°，东西向。竖穴土圹双室墓，平面呈长方形，北室打破南室。墓圹东西长2.45—2.71米，南北宽1.84—2.14米，墓

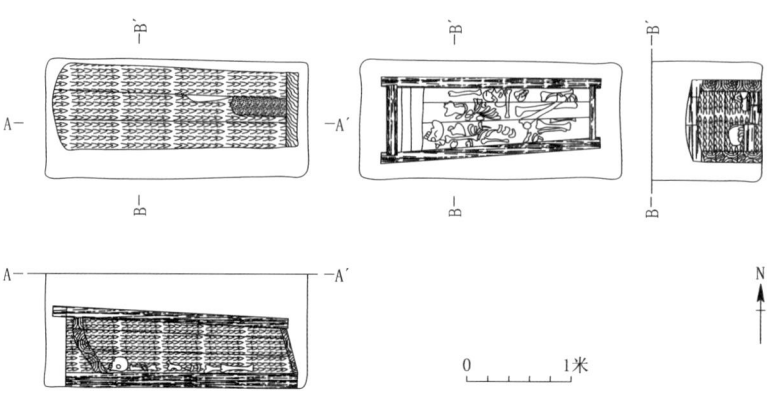

图一〇 M4平、剖面图

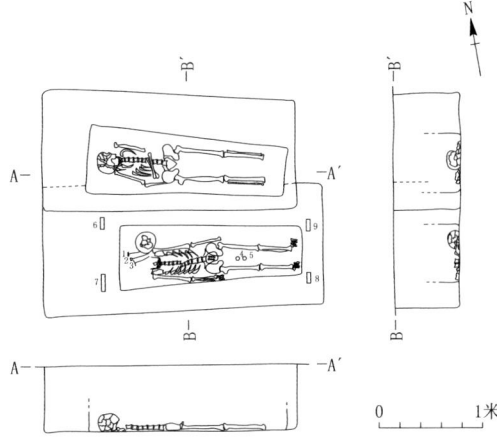

图一一 M6平、剖面图

1—3.铜簪 4.咸丰通宝 5.道光通宝 6—9.铭文砖

照片八 M6完工照

底距墓口深0.64米。直壁、规整、平底。内填黄褐色花土，土质较疏松。

内置双棺，皆木质，由于腐朽严重，仅存棺痕。南棺平面呈长方形，东西长1.76米，南北宽0.45—0.62米，残高0.16米。内置骨架一具，保存较差，头向西，面向不详，仰身直肢葬，性别为男性。下颌左右第三颗磨牙先天缺失，依据牙齿磨耗鉴定年龄为40岁左右。北棺平面呈长

方形，东西长1.90米，南北宽0.46—0.64米，残高0.16米。内置骨架一具，保存一般，头向西，面向不详，仰身直肢葬，性别为女性。右侧第一颗磨牙根尖脓肿，牙齿生前已脱落；犬齿牙釉质发育不良。依据牙齿磨耗推断年龄为30—35岁（图一一；照片八）。

随葬器物 出土随葬品有铜簪3件、铜钱2枚，另有铭文砖4块。

铜簪 3件。标本M6：1，莲花包珠状簪首，莲花形簪托，内镶嵌珠子缺失，簪体呈圆锥形。残长17.2厘米（图一二，4；照片一二）。标本M6：2，簪首圆形呈花瓣状，中部凸起呈圆环形，内焊接掐丝篆书"福"字，簪体呈圆锥形，簪首鎏金。簪首直径2.3厘米，通长12.4厘米（图一二，5；照片一三）。标本M6：3，簪首圆形呈花瓣状，中部凸起呈圆环形，内焊接掐丝篆书"寿"字，簪体呈圆锥形，簪首鎏金。簪首直径2.3厘米，通长12.3厘米（图一二，6；照片一四）。

咸丰通宝 1枚。标本M6：4，平钱，圆形，方穿，正、背面郭缘略宽，正面楷书"咸丰通宝"四字，对读，背穿左右为满文"宝泉"局名。钱径1.9厘米，穿径0.6厘米，郭厚0.1厘米。

道光通宝 1枚。标本M6：5，平钱，圆形，方穿，正、背面郭缘较宽，正面楷书"道光通宝"四字，对读，背穿左右为满文"宝泉"局名。钱径2.1厘米，穿径

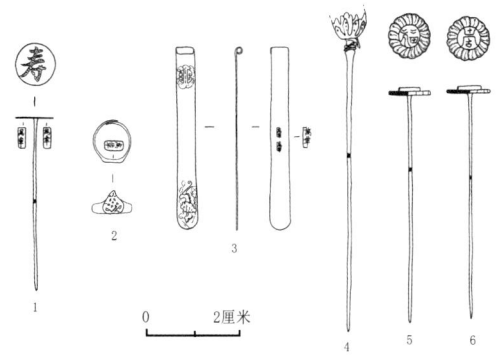

图一二 M1、M6 出土器物图

1.银簪（M1：3） 2.银戒指（M1：4） 3.银扁方（M1：5） 4—6.铜簪（M6：1、M6：2、M6：3）

照片九 银簪（M1：3）

照片一三 铜簪 （M6：2）

照片一〇 银戒指（M1：4）

照片一四 铜簪 （M6：3）

0.6厘米，郭厚0.2厘米。

铭文砖　4块。铭文砖形制相同，长24厘米，宽12厘米，厚4厘米。标本M6：6，上用朱砂书写"乾天图（圆）"，放置于墓葬南棺西北角（图一三，1；照片一五）。标本M6：7，上用朱砂书写"坤地方"，放置于墓葬南棺西南角（图一三，2；照片一六）。标本M6：8，上用朱砂书写"巽律令"，放置于墓葬南棺东南角（图一三，3；照片一七）。标本M6：9，上用朱砂书写"艮九章"，放置于墓葬南棺东北角（图一三，4；照片一八）。

四、结语

根据此前学者对北京地区元代墓葬形制结构的类型学研究[1]，将其分为带墓道砖室墓、无墓道砖室（框）墓、带墓道石椁墓、无墓道石椁（棺）墓、土坑墓五大类，其下又分为数个"型"和"亚型"。

照片一一 银扁方（M1：5）

照片一二 铜簪（M6：1）

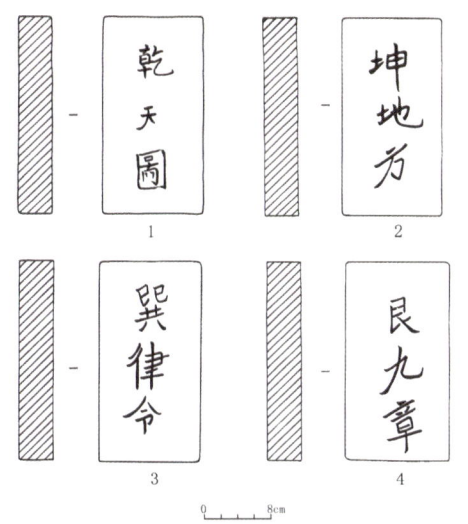

图一三 M6出土铭文砖

1—4.铭文砖（M6：6、M6：7、M6：8、M6：9）

照片一六 铭文砖（M6：7）

照片一五 铭文砖（M6：6）

此次发掘的墓葬M7为带墓道的圆形单室砖
室墓。此前此类型墓葬多发现于平谷区马
坊镇河北村②，本次发掘的M7与该遗址的
M2、M3、M4、M8形制相似。与北京大兴医
学科学院墓葬M6③，徐水西黑山M9、M10、

照片一七 铭文砖（M6：8）

照片一八 铭文砖（M6：9）

M17④形制相似。

六鋬釜（M7：3）与大兴医学科学院元代墓葬M5：5相似⑤；陶碗（M7：2）与五棵松篮球馆工程M1：13相近；陶盆（M7：5）与大兴医学科学院元代墓葬M6：14相似⑥。

综上，判断该墓葬年代为元代。

其余M1—M6均为竖穴土圹墓，规模较小，有单人葬以及双人合葬，葬具均为木棺。随葬品有铜簪、银戒指等，寿桃形银戒指（M1：4）与大兴首创机务队清代墓葬M2：1、M2：2⑦一致。蝙蝠纹银扁方（M1：5）、福寿簪（M6：5、M6：6）、莲花包珠簪（M6：4）与大兴黄村双高花园清代墓葬M10：1-4⑧一致。并出土"康熙通宝""光绪通宝"等，随葬器物有清代中晚期特征。

其中M6出土的铭文砖带有浓厚的民间信仰色彩，"乾""坤""巽""艮"都是八卦中的方位，并且将写有八卦方位的铭文砖分置棺外四角。铭文相连可读作"天图（圆）地方，律令九章"。与《三元总录》中记载的"压镇神咒""斩桑咒"等内容一致，应该是下葬时为祈祷免除灾祸、保佑平安所用。

综上，根据M1—M6的墓葬形制及出土器物判断，应为清中晚期平民墓葬。

此次发掘的7座墓葬，地层关系清晰、形制典型、时代较明确，判断为元代墓1座，清代墓6座。通过对上述遗迹的发掘，妥善保护这一地区的地下文物，为了解该地区元代、清代不同时期遗迹的形制、结构、特点提供了新的线索。出土文物为进一步了解该地区当时社会发展状况、丧葬习俗提供了珍贵的实物资料。

执笔：张玉妍　尉苗　孙勍
发掘：张玉妍　孙勍
人骨鉴定：尉苗
绘图：畅玲君　张玉妍
摄影：王宇新

①宋大川：《北京考古史·元代卷》，上海古籍出版社，2012年，第72页。

②于璞、韩鸿业、杨科明等：《北京平谷河北村元墓发掘简报》，《文物》2012年第7期。

③北京市文物研究所：《大兴古墓葬考古发掘报告集》，科学出版社，2020年。

④南水北调中线干线工程建设管理局：《徐水西黑山金元时期墓地发掘报告》，文物出版社，2007年。

⑤⑥北京市文物研究所：《大兴古墓葬考古发掘报告集》，科学出版社，2020年，第221页。

⑦⑧北京市文物研究所：《大兴古墓葬考古发掘报告集》，科学出版社，2020年,第156页。

延庆区张山营镇小庄户遗址调查简报

北京市考古研究院　延庆区文化和旅游局

　　为配合2022年冬奥会及冬残奥会延庆赛区开发项目的建设，2017年初，北京市考古研究院（时为北京市文物研究所）与延庆区文化和旅游局对项目建设范围内进行考古踏查，发现小庄户村遗址。2017年3月至11月，对奥运村建设范围内的小庄户村遗址进行了考古调查和勘探。小庄户村遗址位于北京市延庆区张山营镇北部山区的佛峪口沟内，东南至延庆城区直线距离约17千米，南至张山营镇直线距离约6.6千米。小庄户遗址西与西大庄科村隔佛峪口沟相望。西大庄科村东北面约700米处即为小庄户村遗址（图一；照片一）。

一、遗址概况

　　小庄户村遗址西为佛峪口沟，沟东侧有两级阶地，一级阶地距谷底约10米，二级阶地高于一级阶地约10米。遗址东西长265米、南北宽140米，面积约为37100平方米。遗址西部、一级阶地之上，有一条东西向道路通向村外，其他房屋建筑等遗迹均位于二级阶地之上，二级阶地东部有一道山溪自北而南从村遗址的东部穿过。山溪是村落的生活水源，同时也将遗址的核心部分与东面的边缘建筑分隔。遗址中心区域地理坐标为东经115°47′11.61″，北纬40°31′23.10″，海拔940米。

　　小庄户村遗址院落所在的二级阶地地形北高南低，起伏不平，院落遗迹依照地形错落分布，墙体残存于杂草树木之间。由于地表砾石较多，向地表以下勘探工作受到很大局限，所以采用勘探与空中拍照观察、地表踏查、小范围清理的方式进行。遗址内发现有道路、院落、房屋、地窖。

二、地层堆积

　　通过勘探发现，遗址内堆积薄，表土层下为冲积层：

　　①层：表土层，厚约0—0.5米，含近

图一　小庄户遗址位置示意图

照片一 小庄户村遗址地形（自北向南拍摄）

代腐殖物、植物根系、石砾、砖瓦，土质疏松；

②层：冲积层，厚约0.2—0.3米，黄褐色，含粉细沙土和零星灰烬、陶器碎片；

③层下为浅黄色自然冲积的沙石层。

三、遗迹

小庄户村遗址内发现道路共有6条，编号为L1—L6；院落共12处，编号为Y1—Y12；房屋共计22间，编号为F1—F22，房屋建筑局限于Y1、Y2、Y4—Y6，又见于溪东的Y8；地窖共8个，编号为J1—J8。

1.道路

道路总体呈十字形，路面多为石砌，而出村道路L1为基岩或自然堆积形成的路面。

路L1：东西向，长约124米、宽约1.2米。石铺路面，上有薄土层，土质坚硬，含石砾和零星陶器碎片。L1是小庄户村遗址西部的东西向道路，也是发现的唯一一经由一级阶地通往村外的道路。在L1的东端，也就是靠近主要院落集中区域的西部有一处十字路口，原来的L1在此处一分为三，分别为L2、L3、L4。L1继续向东延伸，进入村庄，与L4直接相连，南北则分出L2、L3。

路L2：南北向，长约25米、宽约1米。石铺路面，上有薄土层，土质坚硬，含石砾和零星陶器碎片。L2沿着二级阶地

边沿通向村庄北部，道路向梯田延伸，应为通向村外。

路L3：南北向，长约68米、宽约1.2米。石铺路面，上有薄土层，土质坚硬，含石砾和零星陶器碎片。L3沿着二级阶地边沿通向村庄南部，道路向梯田延伸，应为通向村外。

路L4：东西向，长约115米、宽约1.2米。石铺路面，上有薄土层，土质坚硬，含石砾和零星陶器碎片。L4为村庄内院落群之间的主路（照片二）。L4沿着院落Y1至Y7的南门前经过，这些院落在L4北侧，南侧为道路的石砌护坡，道路上间距不等放置有磨盘P1，以及碾砣N1、N3、N5。L4路南侧，位于Y5门前的护坡下有N4。L4在院落Y2的门前略东处分出南向的L5，另外在院落Y6的门前分出南向的L6。

路L5：向东南折转，长约20米、宽约1米。石铺路面，上有薄土层，土质坚硬，含石砾和零星陶器碎片。L5呈弧形拐弯，由南北向变为东向道路，似通向院落Y10。

路L6：南北向，长约12米、宽约1米。石铺路面，上有薄土层，土质坚硬，含石砾和零星陶器碎片。L6南北向，通向院落Y9。

2.院落群与房屋建筑

在遗址北部、地势较高处有一处Y12；在遗址南部、地势较低处有院落Y9—Y11，相互之间距离不等，相互孤立；Y8独处溪东，与其他房屋关系可能较为疏远。院落群主要集中在遗址中部，这里有7座院落沿着道路L4自西向东分布，

照片二 院落Y4南墙与路L4（自西向东）

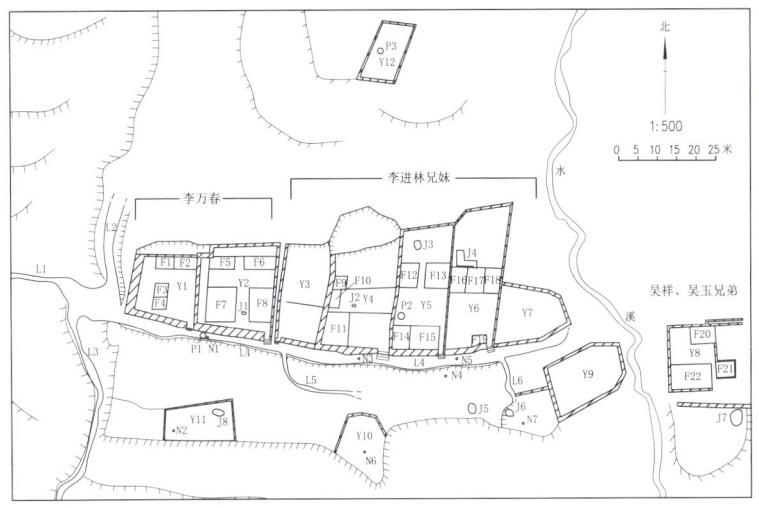

图二 小庄户遗址院落群平面图

均坐北朝南，编号为Y1—Y7。其中Y1、Y2之间由共用的院墙分隔，Y3—Y7相互之间由共用的院墙分隔，而Y2、Y3相邻，却没有共用的院墙，似乎当时由南北小路分隔。由此，明显可看出Y1、Y2为一组，Y3—Y7为另一组（图二；照片三）。

院落Y1—Y7在院落南部有大门作为出入口，除Y3出入口设在院落西南之外，其他院落大门均位于院落的东南；此外，小溪东侧的Y8大门朝西，但是与Y1等院落的大门有相同之处，均位于院落左前方。

院落的院墙均用石块垒砌，院内地坪局部凸起，可能是村庄有人类活动留下的踩踏痕迹。院落内房屋建筑的墙体由石、砖、泥混筑，铺地石砌。在院落群中，房屋建筑共发现22间，编号F1—F22，分别位于院落Y1、Y2、Y4—Y6、Y8，而在院落Y3、Y7、Y9—Y12内未发现房屋建筑。

在院落群内发现有磨盘、碾砣分布在

院落内外及道路之上（照片四）。磨盘共3个，编号为P1—P3，风化严重。P1位于Y1、Y2之间的院墙外，P2、P3分别置于Y5和Y12院内。碾砣共有7个，编号为N1—N7，其中N2、N6、N7分别放置在Y11、Y10和Y9院落西侧，N1散于Y2西南的院墙外，N3遗在Y4南侧，N4、N5相邻，在Y5、Y6的院落南侧。

院落群内采集到筒瓦1件、青砖1件等。筒瓦采：1，长约17厘米、宽约9厘米、厚约2厘米，灰色，素面；青砖采：1，长约22厘米、宽约10厘米、厚约5厘米，青灰色，素面。

根据院落内房屋建筑的有无，分为A类（无房屋建筑的院落）和B类（有房屋建筑的院落）两种类型叙述。

A类：无房屋建筑的院落，共6座。

院落Y3：平面呈长方形，坐北朝南，东邻Y4，西与Y2隔小路相邻。长约26米、宽约12米。院墙残高0.8—1.5米、厚约1—1.4米。出入口位于西南角，与院外L4相通。院内无房屋，院内有一道东西向隔墙，将院落分割为南北两部分，墙体残长9.5米、宽0.8米。

院落Y7：西邻Y6，平面不甚规则，东西长约19米、宽约15米。院墙残高0.6—1.5米、厚约0.8—1.2米。内无房屋。

院落Y9：略呈东北—西南走向，长约

照片三 院落群Y1、Y2、Y3、Y4、Y5、Y6和Y7（鸟瞰）

照片四 磨盘P1及碾砣N1（自东向西）

21米、宽约14米。院墙残高0.4—1米、厚约0.8—1.5米。院内无房屋。Y9西墙近中部向西延伸出一道石墙，似与对面的一小段断崖共同围起一进简陋的院落，内中见地窖J6和碾砣N7。

院落Y10：由一段几字形院墙隔挡一块小阶地构成，南北约17米、东西约13米，院墙残高0.6—1米、厚0.5—1米。院内有N6。

院落Y11：南邻阶地护坡堤坝，东西约18米、南北约10米，院墙残高0.6—1米、厚约0.6—1.2米。院内设一处地窖J8，还有N2。

院落Y12：单独立于遗址北部，呈东北—西南走向。长约16米、宽约9米，院墙残高0.6—1米、厚1—1.5米。院内置一个磨盘P3。

B类：有房屋建筑的院落，共6座。

院落Y1：坐北朝南，平面近方形，东邻Y2，东西约20米、南北约17米。院墙残高0.8—2.2米、厚约0.9—1.5米。东南角有门道台阶与外部L4相通，台阶长约1.3米、宽约0.6米。院内房屋4间，编号F1—F4。F1坐北朝南，北依院墙，长约5米、宽约3米，墙体残高0.5—1.4米、厚约0.5米；F2与F1东西相连，亦坐北朝南，北依院墙，长约6米、宽约3米，墙体残高0.5—1.2米、厚约0.5米；F3坐西朝东，长约3.5米、宽约3.2米，墙体残高0.3—1.2米、厚约0.6米；F4与F3相连，同为坐西朝东，长约3.5米、宽约3米，墙体残高0.3—1.2米、厚约0.6米。

院落Y2：坐北朝南，近方形，西邻Y1，东与Y3隔小路相邻，南北约24米、东西约20米。院墙残高0.8—2.2米、厚0.5—1.5米。门道设于东南角，有台阶与院外L4相通，台阶长约1.8米、宽约1.2米。房屋4间，编号F5—F8。F5坐北朝南，北依院墙，长约6米、宽约3米，墙体残高0.3—1米、厚约0.5米；F6与F5并列，坐北朝南，北依院墙，长约8米、宽约3米，墙体残高0.3—0.9米、厚约0.5

米；F7坐西朝东，长约8米、宽约7米，墙体残高0.2—1.5米、厚约0.8米；F8与F7并列，方向坐东朝西，东依院墙，长约8米、宽约6米，墙体残高0.2—1.5米、厚约0.8米。F7、F8之间有一处地窖J1。

院落Y4：坐北朝南，西邻Y3，东邻Y5，长约36米、宽约17米。院墙残高0.5—2.2米、厚1—1.5米。东南角的门道台阶长约2米、宽约1.5米，门道与L4相通。院内建房屋3间，编号F9—F11。F9近方形，西依院墙，长约3米、宽约2.5米，墙体残高0.3—0.8米、厚约0.6米；F10与F9相连，坐西朝东，西依院墙，长约3米、宽约2.5米，墙体残高0.3—0.8米、厚约0.6米。F9、F10共用一道石墙，该墙向东延伸，起分隔院落的作用，墙体长13米、宽0.6米。F11坐西朝东，西、南依院墙，南北长约8米、东西宽约5.5米，北、东墙体残高约0.4—1.4米、厚约0.8米。F11的北墙东延11米，宽约0.6米，划出一进庭院。F10东侧设一处地窖J2。

院落Y5：坐北朝南，东邻Y6，西邻Y4，南北长约32米、东西宽约14米。院墙残高0.6—1.5米、厚1—1.5米。东南角的门道台阶长约1.5米、宽约1米，与院外L4相通。院内房屋4间，编号F12—F15。F12与F13并列，中间形成夹道。F12坐北朝南，西依院墙，南北长约6米、东西宽约4米，墙体残高0.4—1.2米、厚约0.8米；F13坐北朝南，东依院墙，长约6.5米、宽约5.5米，墙体残高0.2—0.8米、厚约0.8米。F14与F15相连，西、南两面借用院墙。F14坐南朝北，南北约6米、东西约4米，墙体残高0.5—1.2米、厚约0.8米；F15坐南朝北，东西长约7.5米、南北宽约6米，墙体残高0.5—1.2米、厚约0.8米。由F12、F13隔出的后院，内设一处地窖J3。F14北侧置一个磨盘P2。

院落Y6：坐北朝南，西邻Y5，东邻Y7，南北约36米、东西约13米。院墙残高0.6—1.5米、厚1—1.5米。门道台阶位于东南角，台阶长约1.8米、宽约1.5米，与院外L4相通。院内房屋4间，编号F16—F19。F16—F18并连，坐北朝南，将院落分为两部分，其中F17似为穿堂。F16西墙及F18东墙依院墙。三间房屋南北约6米，东西分别为4米、4.5米、4米，墙体残高0.4—1.2米、墙体厚约0.6米。F19南依院墙，东西约4米、南北约3米，墙体残高0.4—1米、厚约0.8米。后院设一处地窖J4，入口在F17室内。

院落Y8：坐东朝西，位于溪水以东，平面近方形，南北约18米、东西约16米，东侧院墙无存。院墙残高0.6—1.3米、厚约1—1.5米。院内房屋3间，编号F20—F22。F20坐北朝南，东西约6米、南北约4米，墙体残高0.4—1.2米、厚约0.6米；F21规模较小，与F20并列，中间构成夹道。F21东西约5米、南北约4米，墙体残高0.4—1.2米、厚约0.6米；F22坐南朝北，西倚院墙，东西约10米、南北约6米，墙体残高0.6—1.5米、厚约0.8米。南院墙外侧为一小阶地，似构成一进半自然的院落，故设一处地窖J7。

3. 地窖

地窖皆石砌，内有坍塌的落石。

地窖J1：位于院落Y2，形状呈不规则形，长约1.2米、宽约0.8米、深约1.5米。

地窖J2：位于院落Y4内，形状呈不规则形，长约1米、宽约0.7米、深约1.5米。

地窖J3：位于院落Y5后院，形状呈不规则形，长约2.2米、宽约1.8米、深约2米。

地窖J4：位于院落Y6后院，平面呈曲尺形，长约5.5米、宽约4.5米、深约2米，石条封顶，窖口位于F17内。

地窖J5：与院落Y9相距较近。平面形状不规则，长约2.5米、宽约2米、深约2.5米。

地窖J6：位于院落Y9西侧。平面呈不规则形，长约2米、宽约1.8米、深约2米。内壁上有白色水锈，顶部搭有石条。

地窖J7：位于院落Y8南侧。平面呈不规则形，长约4米、宽约3米、深约1.5米。

地窖J8：位于院落Y11内。平面形状不规则，长约3米、宽约1.5米、深约1.5米。

四、结语

小庄户村亦称小庄科村。从地层堆积的情况来看，小庄户遗址只有一个较薄的文化层，由靠山而居、易于形成冲击堆积这点考虑，其居住使用的时间也不会太长。

乾隆七年（1742）的《延庆州志》[①]与乾隆八年（1743）的《宣化府志》[②]中均记载有"庄窠村"，即为今天的张山营镇西大庄科村；光绪六年（1880）《延庆州志》中记有"大庄科，共23户，125口人"[③]，已经由"庄窠村"变为"大庄科"。有"大"必有"小"，推知此时可能已经有小庄科（小庄户）村。至于小庄科（小庄户）村没有在光绪《延庆州志》中记载的原因，可能是因为户口较少，或其常居于大庄科村，且小庄科（小庄户）居民是由大庄科村分出，迁建于小庄科（小庄户），因此户数与人数一并记入大庄科村。

在1938年的《延庆县全图》中，可以明显看到大庄科、小庄科，且小庄科位于大庄科东北，与现在西大庄科村与小庄户遗址之间的相对位置一致。这是小庄户遗址最早的确切史料记载（图三）。

小庄户村及现存西大庄科村曾隶属成立于1940年6月的"龙延怀联合县政府"[④]，紧邻平北军分区司令部早期驻地"南碾沟"和"龙延怀联合县"政府驻地赤城县大海坨村，是八路军传递信件和运送物资的重要站点。西大庄科村及小庄户村于1942年夏为侵华日军所焚，西大庄科村1949年得以重建，小庄户村就此沦为废墟[⑤]。

据当代村民讲述，小庄户村曾有村民3户左右，可能有3代人，有李、吴两姓人家。村庄被焚毁后，村民陆续搬至河北省及延庆县其他村庄，其中李万春搬至河

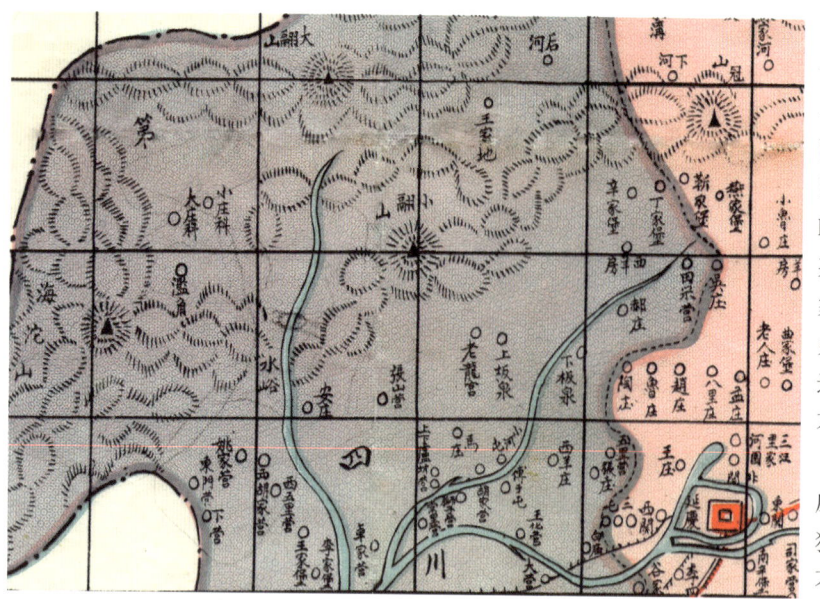

图三　1938年延庆全图之小庄科附近地图

北省，李万春的大儿子李进林搬至西大庄科村，李进林的弟弟李满林搬至西五里营村，李万春的女儿（姓名不详）先搬至八里店村，后又迁至西大庄科村，吴祥及其弟弟吴玉迁至西五里营村。

从李万春家人口较多，推知李万春最早迁入小庄户村，且从Y1、Y2在村口便于与外界联系等方面考虑，院落Y1、院落Y2应属于李万春。相较第三组（Y8）远在溪水东岸，位于溪水西侧的第一组（Y1、Y2）与第二组（Y4—Y6）之间的关系明显更为密切，构成了整个遗址的核心；三组建筑可能与1942年之前的住户相互对应，即：Y1、Y2为李万春的居所，Y4—Y6住的是李万春之子李进林、李满林及女儿，Y8由吴祥、吴玉兄弟合住。Y8隔在溪水以东，或许说明吴氏兄弟来此落户时，李万春的子女已与其分户。李万春虽独占两处院落，但Y1内的4座房屋面积较小，似不适合成人居住，或许曾是李进林兄妹分户前的住所。

院内没有房屋建筑的Y3、Y7明显附属于Y4和Y6；道路L5、L6的走向以及Y9—Y11的分布显示，它们应该与第一、二组院落相关，这也就意味着Y12应该隶属于Y8。Y3依附于Y4，Y7靠着Y6，Y9和其西侧

的疑似院落就当隶属于Y5。磨盘笨重，不易搬迁，或也可与上面的对应相印证，即P1归属于李万春，P2或归兄妹三人中的某一家独用，或归三家共享，那么吴氏兄弟就应该连同Y12一道，拥有了生活中必不可少的P3。

1942年之前的小庄户村也应存在牛、猪一类的大型牲畜，不带窖穴也没有碾磨的Y3、Y7和Y9就可能是畜圈了；而吴家院墙南侧的封闭阶地，虽然附有J7，似也可能用来圈养家畜。这样一来，带有碾、磨的Y9西侧的疑似院落Y10—Y12，应该就是晒场了。

小庄户遗址是晚清民国至抗日战争时期的一处村落遗址，展现了20世纪前半叶北京北部山区小规模村落生活的历史图景。

调查：王策、范学新、杨程斌、周宇
摄影：范学新、王策、周宇、杨程斌
执笔：于璞、王策、杨程斌、范学新、周宇

①乾隆《延庆州志》卷一《疆域》。
②乾隆《宣化府志》卷十《乡都户口志》。
③乾隆《延庆州志》卷二《舆地》。
④北京市延庆县史志办公室编：《中国共产党北京延庆县历史大事记（1922—2003）》，中共党史出版社，2009年，第14页。
⑤孟广臣、高德强：《海坨风云——平北抗日战争纪念馆》，中国文联出版社，1999年，第328页；中国人民政治协商会议鞍山市委员会文史资料委员会编：《鞍山文史资料选辑》第9辑，1992年，第23页。

浅谈北京艺术博物馆基本陈列

徐衍伟

万寿寺始建于明万历五年（1577），是大运河文化带上保存最为完整的明清皇家古建筑群落。寺院坐东北朝西南，位于长河北岸，建筑空间集寺庙、行宫、园林于一体，建筑格局分中、东、西三路，历史上中路是皇家佛事活动场所，东路是僧侣们的生活区，西路是花园式行宫，具有很高的文化遗产价值。2006年万寿寺被国务院公布为全国重点文物保护单位。

万寿寺具有古都文化遗产和艺术博物馆双重身份和功能，成为北京大运河文化带上不可多得的文化空间，发挥着展示古都文化和推动大运河文化带建设关键节点的作用。北京艺术博物馆是一座综合类的博物馆，馆藏各类文物艺术品12万余件，1987年8月正式成立并对外开放，以弘扬古老的中华艺术文明为宗旨，以文物工作为基础，以陈列展览为载体，以社会教育和公众服务为指向，兼容推动现当代艺术的交流与发展。通过多年不断深化和完善职能，形成了自己的办馆路径和特色。2017年经市文物局批准闭馆修缮至今，历时五年，修缮了300余间古建筑，拆除多处临建房屋，恢复了万寿寺古建筑的格局。

一、精准选题，科学规范基本陈列展览的主题及内容

2014年2月25日至26日，习近平总书记在北京考察工作时指出：搞历史博物展览，为的是见证历史、以史鉴今、启迪后人。要在展览的同时高度重视修史修志，让文物说话、把历史智慧告诉人们，激发我们的民族自豪感和自信心，坚定全体人民振兴中华、实现中国梦的信心和决心。

博物馆是一座城市文化的灵魂，是社会文化教育的机构，是为公众服务的重要场所。北京艺术博物馆闭馆前，基本陈列十余年未有改变，这次陈列展览以北京全国文化中心建设和博物馆之城建设为牵引，本着展示建筑艺术、面向公众最大化开放、共享和参与的原则，充分发挥万寿寺古建筑特色及藏品保护利用的资源优势，以万寿寺中路、东路方丈院展厅为主要开放空间，重点设置5个主题的基本陈列展览，强化博物馆功能，展示古都文化风貌。

（一）缘岸梵刹——万寿寺历史沿革展

"缘岸梵刹——万寿寺历史沿革展"位于万寿寺中路一进院山门、天王殿两个展厅，陈列面积共201平方米，展出藏品13套86件，主要有辅助图片、经幡、东路修缮考古出土石刻和瓷片等。陈列分"贮藏经典　高悬巨钟""遭遇大火　因河而盛""万寿祝釐　与民同乐""历经烽火　蜕变转型""文化遗产　服务公众"五个单元，讲述了万寿寺在明清两代的历史沿革（图一）。明万历五年（1577）三月，慈圣皇太后出资命司礼监太监于京城之西督造寺院，次年六月寺院落成，赐名万寿寺，主要用于存放汉经厂迁出的经书。清代，万寿寺因其吉祥福瑞的嘉名而备受皇室青睐。顺治、康熙、乾隆、光绪几位皇帝先后对万寿寺进行了重修和扩

图一 "缘岸梵刹——万寿寺历史沿革展"展陈效果图

建。乾隆十六年（1751）和乾隆二十六年（1761），为恭贺皇太后万寿庆典，长河沿岸包括万寿寺在内的多处寺院举办道场，声势浩大。故宫博物院藏《胪欢荟景图》中《香林千衲》一页即描绘了当时万寿寺前的场景。光绪十九年（1893），为庆祝慈禧皇太后六十寿辰，万寿寺再次得到重修。经过历代皇帝的重修和扩建，万寿寺成为远近闻名的皇家重寺，吸引着士人的游览和香客的朝拜，也衍生出大量的人文活动，为周边地段注入了活力，带动了人文景观的发展。

随着清王朝的覆灭，万寿寺作为皇家寺院的功能宣告结束。民国时期，政局动荡、战乱四起，寺院房舍被占用，先后被当作战俘营、学校、疗养院、收容所等。1949年中华人民共和国成立，人民政府对万寿寺僧人给予了关照。1957年，万寿寺的最后一任住持将寺院交付政府部门管理，结束了其作为宗教场所的历史。1979年，万寿寺作为保存较为完整的明清皇家建筑，被列为北京市文物保护单位。1987年，北京艺术博物馆在万寿寺正式成立并对外开放，供来自国内外的游客参观。2006年，万寿寺被列为全国重点文物保护单位。

（二）妙法庄严——明清佛像艺术展

"妙法庄严——明清佛像艺术展"位于万寿寺中路二进院安心竟殿、祝延万寿殿两个展厅，展厅面积210平方米，陈列的64件佛造像，系从馆藏436件各个时期佛造像中精选而出。这个展览主要考虑本院落主体建筑大雄宝殿是原状陈列，内有三世佛和十八罗汉。大雄宝殿东配殿"祝延万寿"为"汉传佛像艺术"，展出了35件明清时期的汉传佛像，有佛像、菩萨像、罗汉像、护法像等多种品类；大雄宝殿西配殿"安心竟"为"藏传佛像艺术"，主要展出29件明清时期的藏传佛像，有佛像、菩萨像、度母像等多种品类。整个院落作为古代佛像艺术区，整体协调，呼应一致（图二，图三）。佛教造像是佛教艺术中最为璀璨夺目的艺术形式，以题材丰富、风格独特和工艺讲究等鲜明特点而著称于世，凝聚了我国人民的聪明才智和辛劳汗水，全面展现了中华民族的追求与信仰，是民族之间政治、经济和文化艺术交流的重要组成部分。

（三）吉物咏寿——馆藏吉寿文物专题展

万寿寺在历史上具有皇室祝寿祈福的功能。"吉物咏寿——馆藏吉寿文物专题展"位于万寿寺中路三进院万寿阁一层，展厅面积227平方米，分为"吉寿列彰""吉物咏寿""锦绣华章""祈寿随身""笔下南山""雅意绵延"六个单元，上展各类精选文物83件，主要为书画、瓷器、玉器、竹木牙雕等带有寿文化吉祥图案题材的文物（图四）。寿文化是中国传统文化的重要组成部分，凝聚了人们对生的礼赞和生命永续的向往。通过一个个符号、纹饰、图案，一件件美好的物件，不厌其"繁"地彰显对寿的赞咏，反映出了人们对生命意识、审美趣味、宗教情怀和民族性格的认识和态度，传递出人们对美好生活的向往。

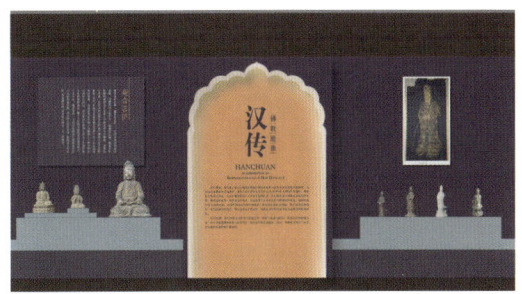

图二 汉传佛教造像展陈效果图

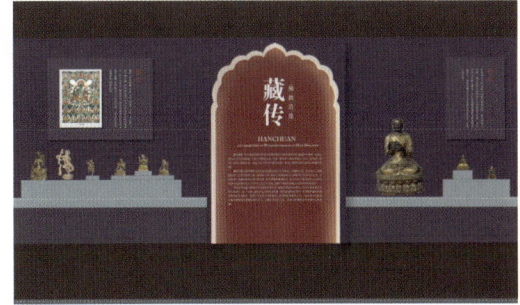

图三 藏传佛教造像展陈效果图

（四）万几余暇——清代皇室及其后裔书画艺术展

"万几余暇——清代皇室及其后裔书画艺术展"位于万寿寺中路四进院大禅堂、小禅堂、影堂三个展厅，展厅面积555平方米，分为"画禅遗风　清早期皇室书画艺术""渐入佳境　清中期皇室书画艺术""艺术落日余晖　清晚期皇室书画艺术""再添秀色　清皇室后裔书画艺术"四个章节，从馆藏书画拓片藏品中精选98件文物上展（图五）。展品中既有顺治、康熙、雍正、乾隆等九位皇帝的佳作，也有慈禧皇太后、荣惠皇贵妃、端康皇贵妃等后宫女性以及直郡王允禔、果亲王允礼、惇郡王奕誴、质亲王永瑢等宗室的书画作品。

顺治皇帝入主中原后，为了维护长久统治，积极倡导学习汉文化，皇子们自幼由翰林院饱学之士教授，优渥的文化环境熏陶，加之有机会饱览内府的书画珍藏，使得清代皇室涌现出众多书画大家，留下不计其数的佳作。与民间书画相比，皇室书画除了在风格上体现出皇家气派外，在纸、墨、印泥等媒材及文房用品上也追求奢华。清亡后，不少皇室后裔在时代变革中际遇坎坷，但仍能传承家学、研习书画，其中溥氏昆仲、启功、叶喆民等佼佼者有较大影响。

（五）云落佳木——中国传统家具展

"云落佳木——中国传统家具展"位于万寿寺东路方丈院方丈室、西厢房、东厢房、南房四个展厅，展厅面积405平方米，分为"序厅""美在天成　明式家具""云落佳木　清式家具""承古传今　民国家具"四个单元，从馆藏家具中精选文物47件上展，主要有柜、桌、椅、凳、厨、箱、案、几等（图六）。

该陈列主要讲述中国家具的传承与发展。商周到隋唐时期，为适应跪坐的起居习惯，家具多以矮型为主。唐末五代以来，正式从跪坐为主转向垂足而坐的阶段，高型家具也在此时逐渐增多。宋元时期，高型家具已经成为主流，类型渐趋完备，装饰亦多华丽。及至明清，中国传统家具发展至鼎盛时期，用料考究，雕饰精当，形成了鲜明的时代特色和艺术风格。明式家具以古朴大方取胜，注重卯榫结构

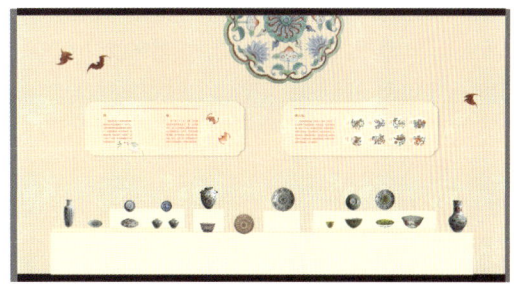

图四 "吉物咏寿——馆藏吉寿文物专题展"展陈效果图

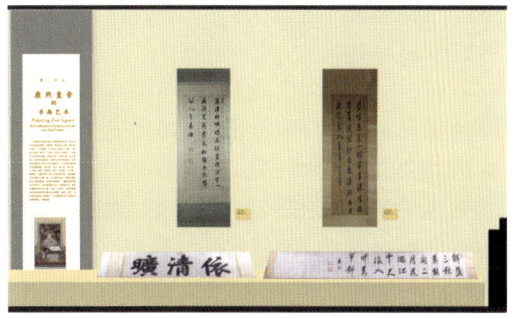

图五 "万几余暇——清代皇室及其后裔书画艺术展"展陈效果图

图六 "云落佳木——中国传统家具展"展陈效果图

的精密巧妙。清式家具在制作工艺上以富丽华贵见长，装饰手法丰富多样。民国时期家具受西方影响，体现出中西合璧、探索求变的时代特征。

二、统筹协调，精心组织基本陈列的筹备工作

陈列展览是博物馆业务工作的主要内容之一，是文物藏品保护与研究成果的体现，是实现博物馆文化价值和核心功能的基本方式，也是博物馆直接服务民众的重要手段。陈列展览的工作内容通常包括四部分，一是内容设计。在选题确定的基础上，撰写陈列展览大纲、陈列展览大纲的内容审定，提出陈列形式、设计要求等；二是形式设计。形式设计人员要充分了解展览大纲，根据展览大纲的脚本及内容设计展览形式方案。三是陈列展览制作。包括辅助展品的制作，如文物复制、展品文字说明牌、照片、多媒体演示、语音导览、展柜展板制作及展厅基础装修等。四是展厅布展。

另外，要熟悉掌握陈列展览项目推行的基本程序。主要包括展览内容的筹备与策划、展览批复、基本陈列项目资金立项与财评、公开招投标、展览项目的执行等。

（一）做好基本陈列展览内容的筹备与策划

展览主题和大纲的撰写以及内容设计是基本陈列最重要的环节，它对整个展览项目的运作与实施起着决定性的作用。2018年初，北京艺术博物馆利用闭馆之际，组织全馆有展览工作经验和业务能力强的专业技术人员，结合馆藏文物和古建活化利用的特点，本着贴近主题、雅俗共赏、服务观众、参与互动的原则，开始着手选定展览主题，撰写展览大纲。经过大家共同努力，完成了万寿寺历史沿革文化展、馆藏邮票、佛像、瓷器、玉器、清皇室书画、传统家具、明清文房四宝、清代服饰和吉物咏寿十个展览大纲的脚本。在此基础上结合万寿寺修缮后的开放区域和市财政经费支持情况，召开了两次专家论证会，进一步确定了"缘岸梵刹——万寿寺历史沿革展""妙法庄严——明清佛像艺术展""吉物咏寿——馆藏吉寿文物专题展""万几余暇——清代皇室及其后裔书画艺术展""云落佳木——中国传统家具展"五个基本陈列的主题和内容。大家一致认为这五个基本陈列符合本馆藏品体系和博物馆的功能定位，形式设计基本方案能够突出所展文物特质，能够给观众带来良好的观展效果。为高质量完成基本陈列内容筹备和展览设计工作，同年10月在北京艺术博物馆官网发布信息，向社会招募有相关经验的展览陈列设计公司进行改陈的前期设计和编制项目预算工作，为基本陈列展览项目的批复、立项和申报资金打下基础。

（二）做好基本陈列项目的批复、立项与财评工作

随着万寿寺修缮工程逐步竣工，2021年8月，北京艺术博物馆根据市文物局党组会关于万寿寺开放的相关要求、项目负责人按照上级主管部门关于举办展览及活动的要求，及时上报请示和相关材料，主要包括：展览大纲、展品目录、专家论证意见、讲解词、展览场地情况及硬件设备、安全保卫设施情况、安全保卫方案及应急预案、馆务会会议纪要等。经过与上级主管部门的多次沟通，《北京艺术博物

馆（万寿寺）中路、东路部分基本陈列》展览项目获批。10月，项目负责人分别向局计财处和市财政评审中心报送相关材料，进行评审。经过反复沟通，6次提交项目修改材料，12次提供项目情况说明、数据、图纸等内容。特别是配合展览出图录的费用，评审中心要求这笔费用应该单独申报，不能在基本陈列项目中体现，否则不予批复，但我们考虑到这是一项整体工作，经费又不能放弃，便加以说明，提供4本书的出版实施方案和出版物的详细报价，对评审员提出的问题，积极联系专业人员进行反复沟通、计算、核实。经过各方共同的努力，项目财评工作于2022年1月结束，达到了预期目的，同时在市财政网上进行了公示。

（三）做好基本陈列项目的招标工作

2022年2月，北京艺术博物馆根据基本陈列工作需要及时成立了由办公室主任、纪检干部和项目负责人组成的招标工作小组，通过对网上初选的三家招标代理公司实地考察，经馆务会研究选定了"北京京发招标有限公司"，并在网上进行公示。公示期无异议后，签订招标代理协议，由该公司完成"北京艺术博物馆（万寿寺）中路东路部分基本陈列其他会展服务采购"项目全过程的招标代理服务工作。主要工作有：根据甲方的要求，制作标书并由甲方确认；和甲方商议并确定评标专家的人选和名额，同时制定评标标准；对外发布招标公告；各投标单位报名并购买标书；确定投标单位制作标书的时间；投标单位制作标书；投标单位完成标书并上交招标公司；招标公司在规定期内对上交的投标标书进行法律确认；由招标公司组织专家组进行评标；评标结果是否符合法律规范，上报甲方确认；经甲方确认后，由招标公司对外发布中标结果；招标结束后，招标公司向甲方报送招标工作总结。

"北京艺术博物馆（万寿寺）中路东路部分基本陈列其他会展服务采购项目"

通过北京京发招标有限公司，在中国政府采购网、北京市政府采购网发布招标公告和监理磋商公告、采取监理竞争性磋商及展陈公开、评标活动，确定了北京众邦展览有限公司和北京英诺威建设工程管理有限公司。公示期无异议后，北京艺术博物馆分别与两个公司签订了合同。

三、深化方案，扎实推进基本陈列项目的执行工作

2022年3月，中标展览公司和监理公司进驻。首先，按照北京艺术博物馆基本陈列项目组织工作实施方案，明确分管领导、项目负责人和相关人员职责、任务、要求，并及时制定基本陈列项目工作倒排期，做到每周三定期召开监理工作会。

其次，深化修正形式设计方案、编制施工图纸。形式设计包括色调、顶棚、墙体、地面材料、空间利用和安全标准等。基本陈列属于长期相对固定的展览，展品多以珍贵的历史文物和文献为主，设计人员在熟悉展览大纲的基础上，要结合专家论证会意见与博物馆内容设计人员进行一对一沟通对接，尤其结合古建展览空间与现代化展览技术进行合理规划，将陈列展览所要表现的内容进行准确定位，做到陈列内容和展览形式上有机融合，完美统一。同时要绘制平面图（包括主题墙、前言、主体部分、结束语的规划）、展示效果图（包括序厅、重点部分、重点展品的效果图）、展览设备造型图（包括展台、展托、壁龛等辅助器具的详细造型、具体位置、尺寸材料等）。除此之外，设计人员还需要从各个细节着手构思，比如展示模具、陈列手法、展示色彩、照明灯光、版式和装饰图表等。

最后，依据设计方案和图纸完成基本陈列各项工作。一是完成基础装修工作。包括吊顶、展墙、地面地台铺建、电路改造、照明、空调系统施工等。尤其照明系统，主要包括展厅及轨道照明、展柜

内照明，突出文物和精品文物特殊灯的设置，既要考虑自然光也要考虑光源控制。二是完成展柜、展台、展柜背景板、雕塑、场景、模型场外的定制工作。尤其展柜的要求，要根据展厅的特点和陈列展览文物的特点以及展览内容的性质，设计展柜的样式和颜色。还要注重材料的选择及恒温恒湿技术的要求、安全性和保修保质期等。甲方视情况可到展柜制作厂方进行调研。三是完成多媒体制作、语音导览录制和网上售票预约系统工作。尤其陈列展览中的多媒体内容制作需要找专业公司来完成，主要包括电脑触摸屏的内置，配合文物介绍、模型、场景等投影的内容，放映厅的影视内容、图像和文字的设计编辑制作，要重点把握多媒体产品硬件的质量，所表现内容的主题是否符合陈列展览的主题风格及氛围，并有创新意识。四是完成现场布展施工工作。包括多媒体设备、导览系统、展柜等场外定制、进场组装、喷绘裱贴、展板安装等。尤其展板内容要主题突出、观点明确、风格鲜明、用语规范。五是完成展览图片版权购买、讲解词撰写、展品词条、宣传册页和展览配套图录整体设计、文字校对、内容排版、修图打样、装订图书和出版等工作。这些大量的文字工作，我们按照基本陈列实施方案由各小组分工落实，特别是图录出版工作，馆领导亲自组织撰写大纲人员、副研究员职称以上人员和出版社编辑，集体三天加班到夜间23点才校对修改完成。六是完成文物展品维养、修复、搬运、布展等工作。博物馆文物在上展之前，十分重要的一个工作环节就是展品维养，进行文物修复、清洁、专业消毒和集中存放。将上展的文物依据陈列展览的形式设计图，按照同一展厅、同一部分、同一类型、同一年代、同一质地的文物，同一展柜、分不同层次集中待展。本次陈列展览过程中，修复书画展品32件、丝织品经幡1件、托裱拓片7件。

综上所述，陈列展览工作是一项以博物馆藏品为基础，以传承文明和文化宣传为重点，以社会公众需求为目标，具有历史性、思想性、观赏性、艺术性、学术性和知识性的综合性工作。项目负责人起着承上启下、统筹统领的作用，为此要充分认清陈列展览工作的重要性，要具备陈列展览内容和形式设计策划的基本能力。一是要做到超前筹划，找准定位。北京艺术博物馆的核心藏品以明清为主，也是博物馆的研究发展方向，要进一步确保博物馆陈列展览的合理性与丰富性。二是要齐心协力，团结协作。基本陈列项目的实施，时间紧、任务重、压力大，每个环节都不能出现纰漏，全馆上下、展览公司、监理公司都要保持思想一致，密切配合，主动按照工作分工抓好落实。三是要勇于担当，敢于负责。作为项目负责人要主动组织基本陈列中各种会议，主动协调展览公司、监理公司、部门之间和业务人员，要按照项目倒排期检查督促各项工作落实。通过全体共同努力，才能使基本陈列顺利、圆满，发挥出最大的社会效益。

万寿寺的重新开放工作，深受民众关注、众望所归，北京艺术博物馆将以习近平总书记讲话精神为最高标准和指导方针，加强文物保护和博物馆事业发展，让万寿寺这颗璀璨的明珠重放光彩，在大运河文化带建设、北京文化中心建设中发挥好关键节点作用，真正做到砥砺前行，再创辉煌。

（作者单位：北京艺术博物馆）

涉侨博物馆服务党史学习教育的资源、功能与路径研究

——以中国华侨历史博物馆系列党史专题展陈、社教活动为例

白　婧

2021年是中国共产党成立100周年，党史学习教育和四史宣传教育蔚然成风。同时，近年来为积极贯彻落实习近平总书记关于保护好、管理好、利用好革命文物的指示精神，文博单位有所作为，积极发挥作用。中宣部、国家文物局推出庆祝中国共产党成立100周年精品展览推介名录为典型代表的多个展览。涉侨博物馆的代表江门市博物馆推出"侨心向党　同心圆梦——五邑华侨华人与中国共产党"展览。除此之外，中国华侨历史博物馆依托自身的涉侨革命文博资源，以形式多样的活动为功能和路径，打造出较为系统的文博业务品牌体系，让革命文物真正地"活"起来，作出一系列探索和尝试。

一、博物馆服务党史学习教育的缘起和由来

"革命文物承载党和人民英勇奋斗的光荣历史，记载中国革命的伟大历程和感人事迹，是党和国家的宝贵财富，是弘扬革命传统和革命文化、加强社会主义精神文明建设、激发爱国热情、振奋民族精神的生动教材。加强革命文物保护利用，弘扬革命文化，传承红色基因，是全党全社会的共同责任。各级党委和政府要把革命文物保护利用工作列入重要议事日程，加大工作力度，切实把革命文物保护好、管

理好、运用好，发挥好革命文物在党史学习教育、革命传统教育、爱国主义教育等方面的重要作用，激发广大干部群众的精神力量，信心百倍为全面建设社会主义现代化国家、实现中华民族伟大复兴中国梦而奋斗。"2021年3月，习近平总书记对革命文物作出的重要指示，让博物馆以革命文物为资源服务党史学习教育有了新的指引。5月，中宣部、国家文物局等中央9部门印发的《关于推进博物馆改革发展的指导意见》中明确指出，"充分利用现有资源，结合党史、新中国史、改革开放史、社会主义发展史教育，依托社会主义建设重大工程、重大项目、重要事件，推动建设一批反映党和国家建设成就的当代主题博物馆。""树立专业化收藏理念，强化党史、新中国史、改革开放史、社会主义发展史相关藏品征集。"6月27日，习近平总书记再一次作出"用好红色资源、赓续红色血脉，努力创造无愧于历史和人民的新业绩"的重要指示，成为了博物馆用好红色资源的指路明灯。习近平总书记在庆祝中国共产党成立100周年大会上的讲话，为博物馆在新时代新征程上弘扬伟大建党精神，展现新气象新作为，注入了强大动力。以此为缘起，博物馆围绕革命文物为代表的红色资源发挥教育和服务职能成为落实党和国家大政方针的首要政治任务。

二、涉侨博物馆服务党史学习教育的资源和有利条件

涉侨博物馆，顾名思义，泛指一切与华侨华人相关的主题博物馆、展览馆、纪念馆，目前已知国内涉侨博物馆有八十余家，其中广东、福建两大著名侨乡占比超过三分之二。利用革命文物开展党史宣传是将党和国家的大政方针与文博工作紧密联系的最佳契合点，对于作为行业博物馆里的小门类且影响力有限的涉侨博物馆来说，是大有可为的努力方向。为此，涉侨博物馆首先挖掘梳理了自身在服务党史学习教育的优势和有利条件。

（一）涉侨博物馆"三个服务"的宗旨定位

涉侨博物馆"三个服务"的宗旨定位在于：一是为国家服务，突出政治性。围绕中心，为国家服务，为大局服务。二是为侨服务，突出全球性。侨，是一个带有全球化、国际性特点的特殊人群，旨在向海内外侨界宣传展示，凝聚侨心，汇聚侨力，打造共同精神家园。涉侨博物馆承担着团结动员广大归侨侨眷和海外侨胞为实现中华民族伟大复兴中国梦贡献力量的历史使命。三是为社会公众服务，突出群众性。做好涉侨历史文物和文化遗产的收藏、保护、研究和展示工作，畅达为社会公众服务的桥梁，提供优质文化服务，讲好中国故事，讲好华侨故事，让以中华文化为内核，吸收住在国特点的华侨文化成为全社会的历史文化滋养。以中国华侨历史博物馆为例，不仅是"全国爱国主义教育示范基地"，还是中央和国家机关31个党性教育活动备选场所之一。建馆七年多来，始终如一围绕中心，服务大局，举办历史纪念类和时政热点类大型主题展览，譬如"华侨华人与改革开放——庆祝改革开放40周年主题展""行远同梦——华侨华人与新中国特展""亲情中华 战疫有侨——海内外侨界凝心聚力抗击新冠肺炎疫情主题展""共筑梦想 同赴未来——华侨华人与冬奥主题展"等多个大型主题展览。

（二）涉侨博物馆"人物＋事件＋文物"的红色资源

华侨华人在中国共产党领导的革命、建设和改革的各个历史时期都作出了重要贡献。华侨华人与共产党风雨同舟、肝胆相照、携手共进，华侨史与百年党史息息相关、血脉相连、源远流长。

因为历史的机缘，华侨华人和留学人员群体不仅是中国最早开眼看世界的人，还是身体力行地感知世界和闯荡世界的人。他们最早接触西风东渐并成为西风东渐的载体，这其中也包括他们最早接触到了马克思列宁主义的革命思想理论，并将之传播到中国。也正是因为跨越中外的生活阅历和谙熟中西社会文化的独特经历，使得他们在中国共产党建党初期的峥嵘岁月中，曾经传奇般地出现过马列主义的最早接触者、传播者和践行者。他们自身也因为传播马克思主义，萌生"以俄为师"的信念，以及帮助和参与中国共产党的成立，而成为中国先进知识分子群体的一部分。而在此后星火燎原、艰苦卓绝的百年奋斗历程中，更广大的海外侨胞、归侨侨眷则成为了中国共产党坚定的支持者、追随者。

自1921年中国共产党成立时起，海外侨胞中逐渐有越来越多的仁人志士回来加入中国共产党，有的参加革命武装斗争，有的活跃在敌后、战斗在白区，亦有少数受党指派到海外从事革命斗争的。他们长期从事革命斗争，为党的事业发展和组织壮大，为土地革命斗争，为抗日战争的胜利，抛头颅洒热血，新中国成立后，他们继续为社会主义革命和建设事业不断奋斗。

华侨华人在党的不同时期都发挥了积极重要的作用，在历次重大变革中留下了可歌可泣的光荣事迹，这些丰富的侨史资源与厚重的党史资源形成交集，蕴含重要价值。涉侨人物、事件、文物三者构成了

表一 "红色情结永驻侨心——华侨博物馆专业委员会华侨革命文物纪念展"革命文物分类

	类别	举例
1	文献	信函、日记、手稿、书籍等
2	证照	护照、毕业证、驾驶执照、任命书、工作证、入场证、通告、证明、债券、股份簿、章程、收据等
3	生活用品	椅子、公文包、手表、水杯等
4	工作用品	打字机、指南针、工具盒等
5	纪念品	纪念章、纪念手表、军功章、锦旗、题词等
6	影像品	照片、明信片、画作

涉侨文博人开展党史学习教育的重要学习资源、教材和工具。这其中，文物是历史进程中人物、事件最为直观的实物佐证和见证，挖掘文物背后鲜为人知、感人至深的侨人侨事，成为涉侨文博通过打造一系列丰富多彩的活动开展党史学习教育的资源宝库（表一）。

（三）涉侨博物馆"专委会"平台

2011年，中国华侨历史博物馆在中国博物馆协会指导下，牵头成立华侨博物馆专业委员会。一是因国内涉侨博物馆隶属归口不一，上级主管单位和从业人员来源多样化，成立华侨博物馆专业委员会是各馆推进具体业务工作的迫切现实需求，对于指导和引领各馆今后的发展具有积极的促进意义；二是涉侨博物馆均为中小型博物馆，各馆馆藏资源和专业力量有限，华侨博物馆专业委员会应着力于加强各馆交流合作、协同发展，以更好地为服务侨务工作、统战工作和社会公众发挥作用。

专委会由华侨华人、归侨侨眷专题博物馆、纪念馆、文化馆、展览馆（或主办、主管机构），文献收藏及研究机构，以及专业工作者、学者和社会热心人士组成。主要开展以下工作：建立会员交流网络平台，组织学术研究和交流活动，协助会员开展华侨华人、归侨侨眷历史文物的征集工作，推动华侨历史遗存的保护和利用工作；组织专项考察和培训，提高会员单位从业人员的业务素质与能力；编辑出版会刊、通讯，组织编译、编著、出版相关书籍及音像制品；组织举办专题展览，开展业务成果评奖活动；接受委托开展相关业务咨询与评价互动，承担相关科研课题或研究项目；组织研究制定涉侨文物的分类方法及鉴定标准。

自2011年成立至今，专委会与其他文博组织、单位以及华侨华人研究机构、基层侨联合作，组织成员单位举办"华侨博物馆与华侨华人研究"、"华侨华人与海洋文化"学术研讨会、"丝路·行舟·越洋人"、"展览与文物视角中的华侨爱国情"论坛、"现代博物馆的管理和发展趋势"、"涉侨展览策划与筹办"培训等，为开展服务党史学习教育活动储备了资源、人脉和力量。

三、受众、功能与路径：探索为归侨侨眷和海外侨胞、涉侨文博从业者、社会公众搭建专属的党史学习教育体系

鉴于以上资源和有利条件，涉侨博物馆依托自身独有的涉侨文博资源，在征集、展陈、社教、研究等各项工作上潜心深挖细耕，探索以基础业务工作为基石，拓展新的功能与路径以更好地服务党史学习教育，充分发挥博物馆教育与服务功能，涌现出一批丰富多彩的献礼建党百年华诞的社会教育与公共文化服务活动（表二）。

（一）"观展——历史记忆"中的教育与服务

展览是博物馆的核心业务，是收藏和研究成果最重要的展示窗口。"红色情结永驻侨心"展览是集11家涉侨博物馆的80余件涉侨革命文物着力打造的"小而精 精而优"的专题展览，充分揭示了在艰苦

表二 中国华侨历史博物馆庆祝中国共产党成立100周年系列活动设置和功能

	日期	地点	主题	内容	受众	性质/功能
1	2021.4.9	全国	庆祝建党100周年征文比赛	党史与侨史上的人物、事件、文物	归侨侨眷和海外侨胞、涉侨博物馆从业者	比赛/教育、交流
2	2021.5.12—13	杭州	"中共党史与华侨史"专题培训	党史与侨史	涉侨博物馆从业者和基层侨联人员	培训/教育
3	2021.5.14	馆内	《侨光异彩——藏品见证的侨史》（第一辑）	涉侨藏品图录	归侨侨眷和海外侨胞、公众	出版/教育
4	2021.6	馆内	红色情结永驻侨心——华侨博物馆专业委员会华侨革命文物纪念展	涉侨革命文物	归侨侨眷和海外侨胞、公众	网上展览/传播
5	2021.7.13—14	全国	"赤子侨心跟党走"——2021年全国"侨博杯"讲解比赛	党史与侨史上的人物、事件、文物	涉侨博物馆从业者	比赛/教育、传播、交流
6	2021.8	全球	云游侨博——"侨博杯"讲解比赛决赛实况	党史与侨史上的人物、事件、文物	归侨侨眷和海外侨胞、公众	比赛/教育、传播、交流
7	2021.9—12	全国	《为了理想之中华——革命文物中的侨人侨事》（暂定名）	党史与侨史上的人物、事件、文物	青少年	宣传、教育、传播
8	2021.12—2022	全国	与《人民日报》海外版合作推出"百年航程 有侨精彩"栏目	党史与侨史上的人物、事件、文物	读者	宣传、教育、传播

卓绝的奋斗历程中，广大海外侨胞、归侨侨眷如何成为共产党坚定的支持者、追随者(表三)。策展人通过专项征集，对文物和文物背后的故事细加揣摩，先行体验学习，以时间为脉络、以空间为轴线进行内容设计，不仅局限于简单的事件串联，同时进行微观宏观结合的视角考量，使侨史与党史自然融合，让革命文物"活"起来。该展览"七一"前夕在泉州华侨革命历史博物馆实地展出，获多方报道，同时在泉州华侨革命历史博物馆和中国华侨历史博物馆官网以网上展览的形式推出，成为配合革命文物研究与利用打造的网络传播新成果。

（二）"培训—业务提升"中的教育与服务

涉侨博物馆以党史学习教育为契机，解构并重构党史、侨史、文博三者中的交叉资源，让涉侨文博从业者和地方侨联基层工作人员汲取自身需要的信息资源，在宏大的全景式背景下，涉侨人物、事件、文物所处的历史坐标，提升综合性业务水平(表四)。

为此，"华侨史与中共党史"培训的创新之处在于紧密围绕党史与侨史、侨情、

侨务等相关主题展开，从课程内容的设计分析，就理论与历史来讲，邀请侨史、党史的权威学者开展学术性与普及性兼重的讲授；就实务与现实来讲，邀请地方侨联从业者结合自身对青田华侨史料搜集整理的情况透过青田华侨史看党史，基于档案与民间文献的考察看瑞安华侨群体，在华侨文物征集、保护与研究方面为涉侨文博从业人员进行了从理念到思路、到具体业务工作实践的传经解惑。并且，此次培训是涉侨博物馆首次与地方基层侨联深度合作，更好地发挥华侨类博物馆服务侨务工作的社会教育职能以及爱国主义教育基地作用的一次拓展，是党史学习教育与涉侨文博业务工作结合、华侨博物馆文化宣教工作与侨联基层组织工作结合的探索。

（三）"讲解—宣传动员"中的教育与服务

教育的本质在于"唤醒""引导"和"激励"，引发施教者和受教者的情感连接与精神共鸣。讲解比赛的讲解员围绕"赤子侨心跟党走"这一党史与侨史交汇融合的主题，将侨界人物、历史故事、涉侨文物融为一体展开讲解，既向社会公众宣传了广大海外侨胞和归侨侨眷在追随中

表三 "红色情结永驻侨心"——华侨革命文物纪念展部分展品目录

	单元	主题
1	以俄为师 投身革命	向孙中山先生建议"联俄、联共、扶助农工"的张西曼
		彭泽民、许苏魂关于开除邝仕德、梁吉祥等十八人国民党党籍的信函
		曾长期供职于共产国际的李俊夫
		红色特工王淑霞的出入境护照和手表
		在伊万诺儿童院经受过革命洗礼的任亚
		黄华使用过的"六二式"军用指南针
2	团结抗日 侨心向党	周恩来、叶剑英和潘汉年、廖承志联合致旅泰爱国青年的复函
		洛杉矶华侨抗战筹款活动明信片
		马来亚霹雳华侨筹赈祖国难民委员会给郭燕趁开具的收条
		菲律宾归侨自刃获得的中国抗日军政大学第一分校毕业证书
		未曾兑换过伍圆救国公债;拾圆、伍圆航空救国券
		南侨机工李子文的中华民国职业汽车驾驶人执照
3	红色中国 复兴征程	东北人民解放军航空学校颁发给泰国归侨蔡演威的毕业证
		雷洁琼女士成为中国共产党"亲密朋友"的珍贵遗物
		司徒丙鹤先生陪同司徒美堂参加新中国政治协商活动的证件
		泰国归侨学生黄王奇因报名参军获得的纪念章
		印度尼西亚万隆南化学校教师丘益鸣誊写的"回国携带物品一览表"
		参加过渡江战役和抗美援朝战争的南侨机工龚勋的物品
4	侨务工作 焕发侨力	香港中国银行给雪梨(悉尼)华侨公债推销委员会的三封回函
		中山县第二区圩仔镇侨光合伙商店股份簿
		萧康义先生捐助广州市华侨小学建校基金收据
		周秋芳的侨汇证明书(侨户购粮登记证)
		中山县华侨事务委员会、县粮食局关于再拨华侨补助粮的联合通知
		执行中国政府从印度尼西亚接侨回国任务的工作人员合影
		黄锡璆为抗击新冠肺炎疫情手写的请战书

表四 "中共党史与华侨史"专题培训课程设计

	课程题目	讲授人
1	《20世纪初赴欧留学潮与马克思主义在中国的早期传播》	侨史学者
2	《中国共产党与华侨华人百年关系发展演变》	党史学者
3	《华侨、留学生在早期马克思主义中国化中的贡献》	侨史学者
4	《打造重要的侨务视窗》	浙江省侨联领导
5	《青田华侨与百年党史——浙江青田华侨史料搜集整理及研究概述》	侨史研究者
6	《近代瑞安华侨群体面相——瑞安华侨历史博物馆建设的几点思考》	侨史学者

国共产党的百年奋斗历程中那些感人肺腑、鼓舞人心的生动故事,本身也是一种别开生面的党史学习教育形式(表五)。中国华侨历史博物馆还将比赛实况通过"云游侨博"网络直播节目推出,以期更好地运用涉侨博物馆的资源,引导广大归侨侨眷、海外侨胞和社会公众深刻认识中国共产党为国家和民族作出的伟大贡献,深刻领悟中国共产党矢志不渝为人民谋幸福的初心宗旨和为实现中华民族伟大复兴的使命担当,进一步提升涉侨革命文物和红色资源的社会影响力。

表五 "赤子侨心跟党走"讲解比赛决赛参赛题目一览

	决赛参赛题目
1	美洲大陆升起的第一面五星红旗
2	华侨花木兰——抗日女英雄李林
3	一个行李箱的故事——艾国英
4	信仰的力量——华南马克思主义传播第一人杨匏安
5	中华中学的最美女教师——潘学静
6	爱国爱党 华侨模范——司徒美堂
7	赤子侨心 拓荒羽坛——王文教
8	中国共产党的亲密朋友——雷洁琼
9	留美科学家钱学森的归国之路
10	华侨上将叶飞
11	赤子归来甘埋名——林文进
12	一封手写的请战书——黄锡璆
13	子规啼血 芳华满树——纪念满腔赤诚的华侨烈士李子芳
14	"凄苦一时何足惜,且愿收泪待黎明"——李德光烈士
15	不朽的丰碑
16	时代楷模卢勇根的爱国故事
17	上海滩的"阿庆嫂"
18	无冕公使——刘泽荣
19	陈嘉庚的延安之行
20	捐输抗战的旁证 海外统战的力作——"叶剑英、廖承志纽约衣馆联合会信函"
21	一支钢笔的故事——纪念泉籍华侨革命烈士沈二七
22	壮烈英气贯长虹——红二师创始人郑秾
23	战功卓著的空军将领——唐铎
24	一颗子弹头的故事——叶飞

(四)"撰写—情感共鸣"中的教育与服务

庆祝建党100周年征文比赛的对象,主要涵盖涉侨文博从业者和广大归侨侨眷,取材范围囊括一百多年真正意义上的华侨史和分布全球的六千多万海外侨胞,撰写者如何构思文章,以有别于宏大叙事的微观视线,以笔触抒发对党的感情,阐释对涉侨革命文物研究、对涉侨文博事业的思考。征文收稿52篇,其中人物类文章23篇,占比44.2%;文物类文章16篇,占比30.8%;文博工作类文章8篇,占比15.3%;个人感受类文章5篇,占比9.6%。通过中国华侨历史博物馆官网及微信公众号、新华网、东南网、华人头条、今日头条等网络平台刊发的征文计38篇,总浏览量超过220余万人次,有力地扩大了博物馆本身的社会影响力(表六)。

(五)"出版—总结提升"中的教育与服务

鉴于以上为庆祝中国共产党成立100周年,中国华侨历史博物馆牵头举办"红色情结永驻侨心"华侨革命文物纪念展、"中共党史与华侨史"专题培训、"赤子侨心跟党走"讲解比赛、庆祝建党100周年征文比赛等一系列活动,让涉侨革命文物"活"起来,充分利用好、发挥好涉侨革命文物在党史学习教育、革命传统教育、华侨爱国主义教育等方面的重要作用。弘扬华侨革命文化,传承华侨红色基因,激发广大归侨侨眷和海外侨胞的精神力量,信心百倍地为全面建设社会主义现

表六 庆祝中国共产党成立100周年征文比赛刊登题目

	征文题目
1	奋战在西班牙"国际纵队"里的青田华侨
2	毕生献身于祖国体育事业的归侨杨烈
3	忆父亲 知党恩
4	建党功臣"忠厚长者"杨明斋
5	结缘暨南侨教事业的五邑华侨
6	"下关惨案"前后雷洁琼与上海地下党员关系考述——以文物档案为中心
7	党史与留学生
8	提出"救国自救"口号的纽约衣馆联合会
9	张如心与毛泽东思想理论体系的建立
10	实物见证拳拳赤子之心——从馆藏看归国华侨对抗美援朝的贡献
11	新中国成立后陈嘉庚先生的爱侨护侨活动
12	新中国护侨第一轮——"光华轮"的前世今生
13	思想决定出路——回顾"党在理论战线上的忠诚战士"艾思奇生平有感
14	让涉侨革命文物成为党史学习教育的"活"教材
15	读《刘泽荣事迹选编》有感
16	抗日运输线上的民族英雄
17	《救国时报》——中国共产党早期海外宣传的典范
18	祖国需要我——毅然投奔新中国效力的梁思礼院士
19	爱国华侨领袖陈嘉庚的"延安八日"
20	心向祖国 拓荒国羽
21	中国华侨历史博物馆收藏的见证中国共产党在世界政治舞台第一次亮相的三件重要文物
22	一件特殊的美国衣箱
23	福建省永春北硿华侨茶厂的故事
24	医者大爱 民族脊梁
25	两次入党 矢志不渝
26	从开展党史学习教育的实践看涉侨文博行业的使命与担当
27	看《纽约时报》月度头条，品学百年党史
28	我与建党100周年
29	千磨万击还坚韧
30	白刃：一个用笔和枪战斗的华侨战士
31	将白求恩大夫事迹宣传到海外的华侨——黄薇
32	百年征程 侨心赤诚
33	从侨心对党看中国共产党的领导是历史和人民的选择——参观中国华侨历史博物馆"百年航程 赤子侨心"展览有感
34	党史上令人钦佩的陈氏两兄弟
35	发挥涉侨博物馆红色教育功能 献礼建党百年华诞
36	志在振兴中华——归侨科学家陈宗基
37	赤胆忠心的永久纪念
38	一定要为乡亲们多做点事——写在中国共产党建党一百周年之际

表七 《为了理想之中华——红色征途上的侨人、侨事和侨物》目录

一	华侨领袖	陈嘉庚："中国的希望在延安"
		司徒美堂：《上毛主席致敬书》
二	传播马列	刘泽荣：中国第一个共产党国际代表
		杨明斋：中共建党的"牵线人"
		杨匏安：华南马克思主义传播第一人
		张如心：第一个提出"毛泽东同志的思想"的人
		艾思奇：将马克思主义普及为大众哲学的启蒙者
三	华侨将军	唐铎："飞越"莫斯科红场的中国人
		叶飞：战场和商场的"双料"将军
四	华侨英烈	沈尔七：三度回国抗战的华侨革命烈士
		李林：抗日战场上的"华侨花木兰"
		李德光：诗书传家辉映黎明
		李子芳："革命何须怕断头"
		郑秾：坚贞不屈的红二师创始人
五	革命洗礼	任亚：支援战争前线的小能手
		李树华：饥饿成为最刻骨铭心的记忆
六	侨心向党	侨批：爱国守信 支援抗战
		陈金坚：红色情结 永驻侨心
		美洲大陆升起的第一面五星红旗
七	赤色侨声	陈依范：《延安老农》
		《救国时报》：中国共产党早期海外宣传的典范
		白刃：刀枪和笔墨并用的华侨战士
		黄薇：将白求恩大夫事迹宣传到海外
		辜俊英：写抗战日记的"南洋华侨战地记者"
八	抗美援朝	龚勋：保卫祖国的传奇一生
		黄王奇：抗美援朝的归侨代表
九	留学报国	雷洁琼：中国共产党的亲密朋友
		单毓华："民主之光"的护卫者
		韦悫：一生致力于教育和文字改革事业
		林文进：从事革命工作30年的"无名英雄"
十	行业翘楚	王文教：新中国羽毛球事业的"拓荒者"
		黄锡璆：一封手写的请战书
		雷贤钟："开荒垦殖 热爱祖国"的"橡胶王"
		艾国英：留学回国才有真正的用武之地
		卢永根："感动中国"的"布衣院士"

代化国家、实现中华民族伟大复兴中国梦而奋斗。同时，中国华侨历史博物馆编写《为了理想之中华——红色征途上的侨人、侨事和侨物》社教读本，该书的编写旨在及时总结和记录这些活动成果，通过深挖历史，将学习党史与重温侨史融会贯通，讲述红色文物背后的侨人侨事，既讲出华侨红色文化和红色精神的传承，也讲出新时代新征程的使命感责任感（表七）。创新性地打造"声+图+文"的社教

读物让涉侨革命文物"活"起来,更好地融入生活,服务大众。

四、关于涉侨博物馆服务党史学习教育的思考

涉侨博物馆以党史学习教育为契机,史无前例地发挥了自身的教育和服务功能。围绕"侨"主题本身的社会教育受众面有限,但当侨史与党史、国史结合起来,就有了把握时代脉搏、弘扬社会主旋律、引发公众普遍关注和广泛参与的基础、要素和条件,是在涉侨博物馆本身研究为基础上充分利用,并且是调动一切可以调动的资源的最佳写照。对外而言,在宣传华侨华人的主题的同时有力扩大了自身的影响力。对内而言,对于涉侨文博从业人员及侨务工作者来说,提高其对中央文件和习近平总书记重要指示讲话精神的理解;加深对曾经与中共党史有过传奇性关联和重要交集的侨史人物、事件、文物和历史背景的认识;提高侨史与党史的专业知识和业务水平;增强立足于涉侨文博工作,阐释好宣传好党护侨胞、侨心向党的使命感和荣誉感,有助于自身成长为融合党史与侨史、胜任侨务与文博工作的复合型专业人才,更好地贯彻"三个服务"的宗旨。

教育与服务是任何一座博物馆一切工作和活动的最终目标,如何拓宽教育与服务的资源、功能与路径是博物馆的永恒课题,挖掘资源是基础,拓展功能是关键,开辟路径是扩大辐射面和影响力的保障。中国华侨历史博物馆围绕中心、服务大局,以贯彻落实党史学习教育为契机,挖掘侨史与党史的渊源、脉络与联系,华侨华人与共产党风雨同舟、荣辱与共、携手共进的光荣传统和一心一意跟党走的坚定信念和赤子情怀,依托独有的涉侨革命文物为代表的涉侨文博资源,拓展展览(实体展览和网上展览)、培训、征文、讲解等多重功能,通过网络传播的路径将涉侨博物馆的教育与服务课题变成了切实可行的实践,也有效地提升了自身的社会影响力。红色资源是中国博物馆历久弥新的宣传主题,赓续红色血脉是指引方向的灯塔。涉侨博物馆以开展庆祝建党百年为主题、服务党史学习教育的业务工作为契机,为日后激活涉侨文博红色资源,围绕时政主题充分发挥涉侨博物馆的教育与服务功能,奠定了一定的基础。

2022年,为迎接党的二十大胜利召开,依托革命文物更好展现党的百年奋斗重大成就和历史经验,传播弘扬红色文化成为贯穿全年的宣传主题。2022年新春伊始,国家文物局、财政部发布《关于深化革命文物保护利用的通知》,为涉侨博物馆进一步利用涉侨革命文物服务党史学习教育注入了新的力量源泉。

(作者单位:中国华侨历史博物馆)

浅析"双减"政策下北京中小学生的物质文化遗产教育

——以"中轴线进校园"活动为例

黄杰君

世界遗产包括物质文化遗产（有形文化遗产）和非物质文化遗产（无形文化遗产）。其中，物质文化遗产又分为文化遗产、自然遗产、文化和自然混合遗产①。文化遗产在促进文明交流互鉴及世界和平与可持续发展方面具有积极作用。

2004年7月第28届世界遗产委员会会议通过了《世界遗产青少年教育苏州宣言》，指出"各国应大力支持世界遗产青少年教育，制定本国的行动纲领，提出具体的目标和措施，作为本国世界遗产青少年教育的行动指南。鼓励更多的学校将世界遗产教育列入教学计划，设置相关课程，普及遗产知识"②。近年来，北京市的"非遗"教育提速明显，仅2019年，"非遗"相关课程已经或即将在全市91所大学、1630所中小学中开展③。与如火如荼开展的"非遗"教育相比，物质文化遗产的相关教育内容却鲜有涉及。2021年7月24日，随着中共中央办公厅、国务院办公厅印发《关于进一步减轻义务教育阶段学生作业负担和校外培训负担的意见》，学生作业负担和校外培训负担得到了有效缓解。向学生传递包括物质文化遗产教育在内的先进理念，是"双减"政策下提高下一代综合素质、培养一代新人的重要举措，可使民族文化得到传承，民族精神得到升华，民族血脉得到赓续，也应该成为学校教育的重要使命。

一、物质文化遗产教育融入中小学教学的可行性

随着我国文化遗产研究的迅速发展和北京市对中小学素质教育愈发重视，文化遗产教育尤其是物质文化遗产教育融入中小学教学已经具备了"硬件"和"软件"两方面的支撑，有着极大的可行性。就硬件而言，一是已经有中小学尝试把物质文化遗产教育搬进课堂，二是相关文化遗产管理机构如北京中轴线申遗保护工作办公室④（以下简称"北京中轴线申遗办"）正在面向学生群体及市民群众广泛开展中轴线遗产价值宣传教育活动⑤。通过上述交流平台，为中小学生物质文化遗产教育活动提供场地、人员和技术支持。

就"软件"而言，近年来，中国培养了一批受教育程度高、业务精良的文化遗产工作者，在联合国教科文组织、国际古迹遗址理事会（ICOMOS）、中国古迹遗址保护协会中都有重要任职，他们多集中在高等院校和科研院所，取得的成绩被世界广泛认可。在北京中轴线申遗过程中，专家学者们发挥着不可替代的作用。"教育兴则国家兴，教育强则国家强。"用好这些专家学者，把物质文化遗产教育引入中小学课堂，是"双减"政策下素质教育的良好体现，不仅可以开阔学生视野，也有利于激发学生学习兴趣。

二、物质文化遗产教育融入中小学教学的方法与实践

联合国教科文组织在《关于保护景观和遗址的风貌与特性的建议》中提出"教育活动应在校内外进行，以激发与培养公众对景观和遗址的尊重，宣传为确保对名胜和古迹的保护所制定的规章"[6]。中共中央在《关于实施中华优秀传统文化传承发展工程的意见》中指出，在国民教育方面，要围绕立德树人根本任务，遵循学生认知规律和教育教学规律，按照一体化、分学段、有序推进的原则，把中华优秀传统文化全方位融入思想道德教育、文化知识教育、艺术体育教育、社会实践教育各环节，贯穿于启蒙教育、基础教育、职业教育、高等教育、继续教育各领域。以幼儿、小学、中学教材为重点，构建中华文化课程和教材体系[7]。物质文化遗产教育融入中小学教学完全符合国家在文化遗产保护和国民基础教育方面的要求，对物质文化遗产保护和传承中华优秀传统文化必将起到巨大的推动作用。

物质文化遗产教育融入中小学教学，不仅指课堂教学一项，应涵盖两个层次：狭义上指中小学生在课堂上通过各种方式（仅以北京中轴线相关遗产为例，主要来自世界遗产专家、北京中轴线申遗办工作人员和教师）来学习文化遗产知识和培养文化遗产保护意识。广义上指中小学生在课堂外通过专业人员来学习文化遗产知识和培养文化遗产保护意识。中小学生的世界观、人生观和价值观往往会受到家长、教师和同学的影响，尤其是教师相关的工作，对绝大部分中小学生在校园乃至社会中的行为属性有很大影响。因此，从狭义层次而言，中小学生的文化遗产保护意识主要来自教师的主动传授。

举例来说，灯市口小学2020年寒假综合实践活动的主题是"行走中轴，传承文化"，每个年级各有特色。比如一年级学生领到的题目是"探美丽中轴，享多彩生活"；二年级学生的题目是"享城门之趣，探胡同奥秘"；三年级学生的题目是"学中轴文化，承古韵今风"；四年级学生的题目是"游古韵中轴，设计旅游手册"；五年级学生的题目是寻找"来自故宫的祝福"；六年级学生的题目是"寻中轴新韵，赏京城新貌"。另外，该校还专门发布了一份"中轴线书单"，供学生和家长们参考。学校希望学生通过阅读、参观、探访、调查等进一步了解中轴线上的历史与变迁、人文与故事、建筑与科学，做一名传播北京文化的小使者[8]。

由专业人士进入中小学课堂授课的形式绝非孤例。为配合中轴线遗产价值宣传教育活动开展，北京西城外国语学校与北京中轴线申遗办合作，连续举办八期中轴线知识课堂宣讲活动。中轴线知识课堂邀请了中轴线申遗办工作人员和相关专家学者作为演讲嘉宾，通过图片、幻灯片等形式，向学生们深入浅出地介绍了中轴线的历史沿革、遗产构成及与中轴线文化遗产相关的其他知识等。

如果说狭义的物质文化遗产教育融入中小学教学是对培养中小学生文化遗产保护意识的潜移默化，那么从广义上讲就是将学生对文化遗产的认知和了解进行再次升华。北京西城外国语学校以"水墨京华中轴线"为主题，组织初中学生开展为期一个月的多语种读书节活动。活动分成三个阶段。第一阶段为"中轴线书签设计大赛"，初中一、二年级学生全员参与。学校从约180幅手绘作品中评选出10幅获奖作品，作为本次读书节活动的纪念书签进行印刷（图一）。第二阶段为"我与中轴线"摄影视频拍摄大赛。学生通过视频录制、影像拍摄等方式，展示传统国粹，体现青少年与中轴线的故事。第三阶段是文艺汇演活动。汇演剧目包括诗朗诵《水墨丹青中轴线》《从前门梦回历史》《我是北京城一只雨燕》，以及话剧《郭守敬》《龙须沟》选段和《北京邻居》选段（图二）。该校还组织初高中学生，以分

图一　北京西城外国语学校"水墨京华中轴线"读书节上的获奖书签之一

图二　北京西城外国语学校学生表演课本剧《郭守敬》

组的形式实地调研北京中轴线。参与学生需要撰写调研报告，从学生视角下谈中轴线申遗的意义与价值，提出如何保护世界文化遗产，利用学校微信公众号进行推广宣传。此外，该校还成立中学生志愿者团队，分别用英语、法语和西班牙语讲述中轴线沿线的遗产点和历史故事，希望在未来能够向来自世界各地的宾客宣传介绍北京中轴线。

三、物质文化遗产教育融入中小学教学的成效

当前，北京中轴线申遗工作正在有序

推进中。从遗产申报角度来看，国际古迹遗址理事会越来越重视遗产与人的互动。让更多的人，尤其是学生群体参与申遗及文化遗产保护，体现出政府对于文化遗产保护和文化传承的高度重视。借鉴其他国家文化遗产游学等活动，将课堂教学与实地走访相结合，走出一条有中国特色的文化遗产教学之路，是对学生文化遗产教育的有益探索。学生通过手工制作中轴线文创产品、拍摄摄影作品、文艺汇演等形式参与其中，有助于培养动手动脑和人际交往能力，从而在了解中国传统文化和历史的同时，进一步增强文化自信。

四、结语

习近平总书记在山西平遥古城考察调研时曾指出，"历史文化遗产承载着中华民族的基因和血脉，不仅属于我们这一代人，也属于子孙万代。要敬畏历史、敬畏文化、敬畏生态，全面保护好历史文化遗产……"⑨"双减"政策为学生们留出了更多时间，笔者认为应充分利用好这个战略机遇期，将传播群体更多地向知识体系和行为模式还在构建之中的中小学生侧重。通过中小学教师和文化遗产专业人员对中小学生进行文化遗产保护理念的科学启蒙，在他们心中埋下文化遗产的种子，进而为整体提升公众的文化遗产保护意识储备新的传播力量。

①"物质文化遗产分为文化遗产、自然遗产、文化和自然混合遗产"，《世界遗产公约》第11页，中国古迹遗址保护协会（译），2019年7月10日。

②中国文化遗产研究院，https://www.wochmoc.org.cn/home/upload/file/201811/1542967806914090312.pdf。

③北京市人代会新闻发布会上介绍《北京市非物质文化遗产条例（草案）》的相关情况，2019年1月20日，https://www.sohu.com/

a/290203813_161623?_f=index_pagerecom_6。

④根据北京市政府安排，北京中轴线申遗保护工作办公室于2020年8月20日批复成立。

⑤参见《北京中轴线申遗保护三年行动计划》，市推进全国文化中心建设领导小组办公室，2020年8月21日印发。

⑥《关于保护景观和遗址的风貌与特性的建议》，1962年，https://www.icomos.org/publications/93towns7o.pdf。

⑦《关于实施中华优秀传统文化传承发展工程的意见》，国务院公报，2017年6号文件，http://www.gov.cn/gongbao/content/2017/content_5171322.htm。

⑧腾讯网，2020年1月17日，https://new.qq.com/omn/20200117/20200117A0GSMV00.html?Pc。

⑨《习近平谈历史文化遗产保护》，人民网，2022年3月22日，http://politics.people.com.cn/n1/2022/0323/c1001-32381843.html。

(作者单位:北京第二外国语学院)

天津市宝坻区茶棚村金墓出土鸡腿瓶内液体和残留物的保护性提取

尹承龙

2018年4月，天津市宝坻区大口屯镇茶棚村村民在平整土地时发现石椁墓一座，宝坻区文化馆工作人员对其进行了抢救性清理。该墓石椁由6块青石板合成，出土有筒形罐、瓷器盖、瓷碗、瓷盘、瓷碟、鸡腿瓶、卵石、铜镜、铜钱等随葬品，根据墓葬结构及随葬品推断该墓年代应为金代中期或稍晚。墓中出土的鸡腿瓶（M1:22）泥封保存完整（图一），且瓶内仍残存一定量的液体，这在天津之前的考古发掘中极为少见①。

在之前的考古发现中，如河北张家口太子城金代城址②、北京大葆台金代遗址③、天津蓟县鼓楼遗址④、宝坻哈喇庄遗址⑤等诸多城址、遗址中也发现有鸡腿瓶，这充分证明鸡腿瓶的实用功能。关于鸡腿瓶的用途，有学者结合辽金时期墓葬壁画及考古发掘出土的带有"葡萄酒瓶""千酒"铭文的鸡腿瓶，认为这类器物的主要用途应为酒器，并认为鸡腿瓶上的泥封是窖藏酒的标志，其作用是为了保持酒类香醇的口感⑥。茶棚村金墓出土的鸡腿瓶泥封完整，其内所盛液体很可能是酒。因而，对该鸡腿瓶泥封结构的解剖研究及瓶内液体的检测分析，有望为研究这一时期酒的储藏方式及当时的酿酒工艺提供重要的实物资料。

基于上述认识，天津市文化遗产保护中心对茶棚村金墓出土鸡腿瓶的泥封进行了室内解剖和瓶内液体及瓶底残留物的保护性提取工作，并根据解剖后的相关迹象对该鸡腿瓶的封口方式进行了初步探讨。

一、任务目标与技术路线

本次保护性提取工作的指导思想是以考古学研究和文物保护为主、兼顾文物展示及泥封结构研究，在有效保护的前提下对泥封进行剥离、提取瓶内液体及瓶底残留物外，同时进行多种形式的跟踪记录，并最大程度根据发现的新现象和信息，解决相关学术问题。针对该鸡腿瓶泥封的保存状况，制定了"原始信息记录—无损探伤—精细解剖—及时取样—全面记录—相关问题探讨"的技术路线。

二、鸡腿瓶内液体和残留物的保护性提取

1. 原始信息记录

在泥封解剖之前，先完成对鸡腿瓶的文字描述、考古绘图、照相、多视角影像

图一 茶棚村金墓内鸡腿瓶出土情况

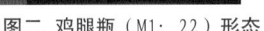

图二 鸡腿瓶（M1：22）形态

搭建三维数字模型等，以多种形式尽可能全面地记录该鸡腿瓶的原始信息。经观察和测量，该鸡腿瓶为缸胎，小口，短颈，器身细长，最大径在腹部，肩部以下饰弦纹，灰绿釉，平底，底部未施釉，口部以类似石灰的泥封封口，泥封外表面有手抓痕迹，腹径12.7厘米、底径7.5厘米、通高（含泥封）41厘米（图二，1、3）。

2. 无损探伤

查阅相关研究成果，有学者研究认为鸡腿瓶的封口方式可能为在口部盖上内饰半釉的碟形盖，然后用石灰泥封住⑦，因而在解剖之前首先要探明泥封之下是否有瓷盖，以便为之后泥封解剖和瓶内液体及瓶底残留物的提取工作提供依据。经蓟州区文物局联系，项目组利用专业医用CT系统对该鸡腿瓶进行了CT扫描，结果显示鸡腿瓶内尚存有小半瓶液体，泥封保存状况较好，泥封和瓶口之间为空腔，不存在有碟形盖遮盖瓶口的情况（图二，2）。

3. 泥封解剖

（1）场地除尘清洁与消毒

有机质文物的安全需要洁净的场地和相对无菌的环境条件，以防止泥封解剖之后空气中的微生物污染瓶内液体，影响后续的检测分析结果，因此要提前清洁场地和对室内进行消毒处理。消毒采用5%来苏

水（甲酚皂溶液）提前两小时喷洒实验室室内空间和实验操作台面；另外，室内与外界通透的地方均使用聚乙烯薄膜塑料封贴，玻璃门窗部位使用窗帘遮挡。

（2）泥封解剖

主要的解剖工具和材料有小锯片、手术刀、毛刷、吸尘器、橡皮泥、铅笔、直尺、一次性无纺布工作服、一次性医用检查手套、医用口罩等。

为了兼顾瓶内液体及残留物的保护性提取和解剖之后鸡腿瓶的后续展示，泥封的解剖只对整个泥封中不具备明显特征的1/4部分进行解剖剥离。首先，用铅笔将泥封的解剖边缘标识出来，解剖区域尽可能避开泥封上有明显特征的位置，如泥封上的手抓痕迹；然后使用小锯片沿着提前画出的标志线缓慢切割，切割过程中用吸尘器及时将产生的灰尘吸走；当切割位置接近泥封内壁时，将鸡腿瓶倾斜30°左右，使解剖区域朝下以免切割产生的残渣掉入瓶内液体而产生污染，同时还要保证瓶内液体不产生剧烈晃动，泥封在鸡腿瓶口沿以下靠近肩部的部分完全切割完成后，用手术刀在切割产生的沟槽内轻轻撬动，使口沿上部的泥封解剖部分与本体剥离；对鸡腿瓶泥封断茬和口沿部分进行简单清理后，将鸡腿瓶慢慢回正。

在此过程中全部工作人员均身穿一次性无纺布工作服，手戴一次性医用检查手套，佩戴一次性医用口罩，并采用照相和实时录像的方式记录泥封解剖的整个过程。

4. 瓶内液体和残留物保护性提取

主要的提取工具和材料有大号注射器、细软管、实验用PVC样品管、玻璃试剂瓶、超声波洁牙机、Parafilm封口膜、夹子、橡皮泥、记号笔、标签、一次性手套、医用口罩等。所有可能接触瓶内液体的工具和材料均提前用沸水浸泡消毒半小

时以上。

（1）瓶内液体的提取

首先，根据CT扫描结果，测算出瓶内液体的上限位置距瓶口的距离，提前在软管上标出；然后，将软管一侧接在注射器上，另一侧在解剖区域伸入瓶口，根据软管上的标识慢慢将软管插入液面以下，轻轻抽取注射器使瓶内液体吸入注射器内；待注射器抽到最后，用夹子夹住软管防止液体回流，将注射器和软管分开，将注射器内的液体转移至事先准备好的试剂瓶内；之后将注射器重新接回到软管上，移掉软管上的夹子，再次抽取瓶内液体，如此重复，直至瓶内液体基本抽取干净；在抽取过程中，及时抽取部分液体转移至PVC样品管内，用作后续检测分析的样品（瓶内上层上清液和靠近瓶底的浑浊液分别取样以便用于不同的检测分析）。

待鸡腿瓶内液体完全抽取转移至试剂瓶内，盖上试剂瓶塞，并及时将Parafilm封口膜拉伸后密封试剂瓶口。之后将装有密封好的试剂瓶和装有检测分析样品的PVC样品管放入冰箱内，在4℃的温度下临时保存。

（2）瓶底残留物提取

参考现已成熟的陶器、石器表面植物微体遗存残留物的采集和提取方法[8][9]，在鸡腿瓶内液体提取完成后，首先用注射器将50毫米去离子水注射到鸡腿瓶内；将超声波洁牙机从泥封解剖区域伸到瓶底，超声震荡6分钟后，待瓶底残留物充分分散悬浮于去离子水中，将带有瓶底残留物的去离子水及时转移至PVC样品管内。

（3）提取后信息记录

待鸡腿瓶内液体及瓶底残留物提取完成后，对解剖后的鸡腿瓶和剥离下的泥封分别进行文字描述、绘图、照相，并利用多视角影像技术搭建鸡腿瓶剥离部分泥封后的三维数字模型，以便与鸡腿瓶解剖之

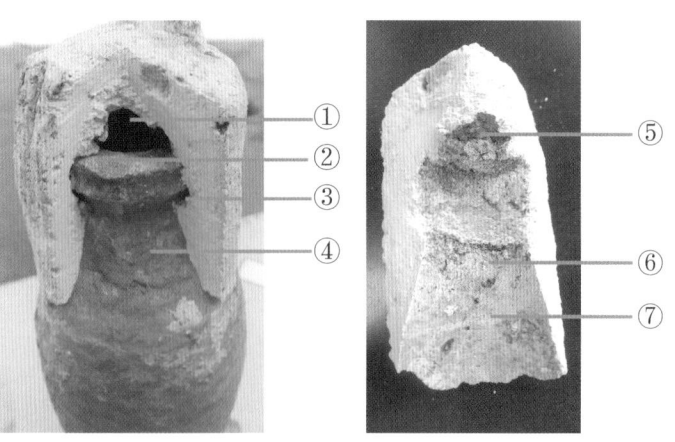

图三　封泥解剖后发现迹象

前的情况进行比对。

5.鸡腿瓶后续展示

后续展示效果并非是完全恢复至提取前的状态为最好。将解剖后的鸡腿瓶和剥离的1/4泥封一起进行展示，观众在看到鸡腿瓶泥封外观的同时，可从解剖的断面观察到泥封内面和瓶口泥封内的结构，结合现场听取或观看该鸡腿瓶泥封解剖、封口复原和瓶内液体、残留物的检测分析情况，可以更好地对鸡腿瓶的泥封结构、封口方式以及鸡腿瓶的功能等有更为直观的感受。

三、鸡腿瓶（M1：22）封口方式探讨

将该鸡腿瓶封泥部分剥离后，观察到其泥封内的封口材料已腐朽不见，但通过对瓶口及泥封断面互相比对，发现的一些迹象有助于解决该鸡腿瓶的封口方式，下面将这些迹象具体介绍如下。

1.该鸡腿瓶的泥封剖面较为纯净，呈纯白色，质地细腻，经便携式X射线荧光光谱仪检测，其主要元素为Ca，故推断该鸡腿瓶的泥封主要成分为熟石灰。

2.泥封剥离后在鸡腿瓶的口沿和肩部并没有粘连泥封残渣，在鸡腿瓶的口沿和肩部与泥封间普遍存在一细小的缝隙（图三，②、④）；同时观察剥离后的泥封，在同样的位置好似有一层致密的膜，

光滑细腻（图三，⑦）。由上述迹象初步推断在鸡腿瓶与泥封之间原来应有一层封口膜。

3. 鸡腿瓶瓶口上方与泥封之间存在一空腔（图三，①）；观察剥离后的泥封，发现泥封的顶部内侧不甚平整（图三，⑤）。由上述迹象推断该位置原来应有一不甚规则的瓶塞堵塞瓶口，在瓶塞腐朽后形成了空腔。

4. 鸡腿瓶口沿下部与泥封之间存在一较宽的空隙（图三，③）；同时观察剥离后的泥封在该位置较为平滑，未发现绳子缠绕的印迹（图三，⑥）。由上述迹象可以推断在该位置并没有使用绳子捆扎封口膜，泥封和鸡腿瓶在此处的空隙应是在泥封封固瓶口时封口膜受力拉伸与口沿下部形成空隙所致。

综合以上迹象，可以推断该鸡腿瓶（M1:22）的封口方式应为在装好酒后，用封口膜覆盖瓶口，插入瓶塞堵塞瓶口，最后用熟石灰泥封其上（图四）。该种封口方式不同于在鸡腿瓶的口部扣上碟形盖

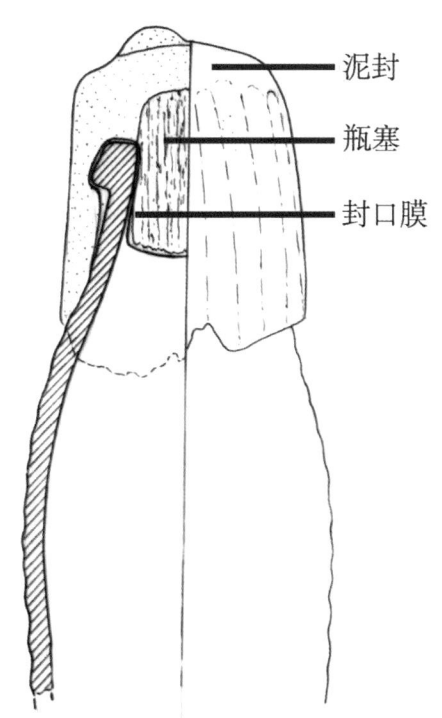

图四 鸡腿瓶封口方式复原图

后用石灰泥封住⑩；也不同于现代传统黄酒的封储，即将酒液灌入坛内，盖上荷叶、箬壳，用竹丝或麻丝紧扎坛口后，趁热糊泥封⑪。

关于封口膜的材料，现在传统坛装黄酒多采用蒸煮过的荷叶，结合《北山酒经》中"压下酒须先汤洗瓶器令净，控干……便用蜡纸封闭，务在满装""白酒须泼得清，然后煮，煮时瓶用桑叶冥之"等零星记载⑫，可以初步推测该鸡腿瓶的封口膜材料很可能为荷叶、桑叶、蜡纸等，但在具体材料的选择上还应考虑方便就地取材、量大、经济等因素。关于瓶塞，应不同于现代葡萄酒瓶常用的软木塞（其原材料为只生长在地中海西部某些地区的一种橡木的树皮），而很可能是用麻丝、农作物秸秆等简单捆扎成的软塞，不仅制作简便快捷、取材经济方便，而且较为柔软、可塑性强，可以很好地封闭瓶口，同时契合泥封内侧顶部不甚平整的形状。

四、结语

本次茶棚村金墓出土鸡腿瓶泥封的解剖及瓶内液体和残留物的保护性提取工作，是一次较为成功的小型实验室考古清理实践。通过鸡腿瓶剥离泥封后发现的一些迹象，对该鸡腿瓶可能的封口方式进行了有益的探讨，为研究同时期酒的储藏方式提供了一些可供参考的资料。

在茶棚村金墓出土鸡腿瓶内液体和残留物的保护性提取完成后，中国科学技术大学生物考古实验室立即组织对实验样品进行多种检测分析，目前已完成酸碱度、电感耦合等离子体发射光谱（ICP-AES）、液相色谱－质谱联用分析（LC-MS）、古DNA残留的PCR扩增以及高通量测序、淀粉粒分析等多种检测，并根据检测分析结果得出初步结论：茶棚村金墓出土鸡腿瓶（M1:22）中的残存液体是以高粱、粟、小麦（或大麦）等为原料酿造而成的黄酒⑬。目前，部分后续检测分析、

数据分析比对、相关文献资料梳理等综合研究工作还在进行之中。

附记：参加本次茶棚村金墓出土鸡腿瓶内液体和残留物的保护性提取工作的人员有盛立双、尹承龙、雷金夫等。蓟州区文物局蔡习军先生为该鸡腿瓶的CT扫描提供了极大帮助，谨此致谢。

①天津市文化遗产保护中心、天津市宝坻区文化馆：《天津市宝坻区茶棚村发现金代石椁墓》，《北方文物》2020年第6期。

②河北省文物研究所、张家口市文物考古研究所、崇礼区文化广电和旅游局：《河北张家口市太子城金代城址》，《考古》2019年第7期。

③北京市文物工作队：《北京大葆台金代遗址发掘简报》，《考古》1980年第5期。

④相军：《蓟县鼓楼遗址发掘简报》，《文物春秋》2010年第3期。

⑤天津市文化遗产保护中心、宝坻区文化馆：《天津市宝坻区哈喇庄遗址的发掘》，《考古》2005年第5期。

⑥李彬彬：《辽金时期鸡腿瓶研究》，辽宁师范大学学位论文,2020年。

⑦⑩李勇：《鸡腿瓶盖刍议》，载《山西博物院学术文集（2011年）》，山西人民出版社，2011年。

⑧张永辉、翁屹、姚凌、张居中、周昱君、方方、崔炜：《裴李岗遗址出土石磨盘表面淀粉粒的鉴定与分析》，《第四纪研究》2011年第5期。

⑨刘莉、王佳静、赵昊、邵晶、邸楠、冯索菲：《陕西蓝田新街遗址仰韶文化晚期陶器残留物分析：酿造谷芽酒的新证据》，《农业考古》2018年第1期。

⑪管有根、翁本德、沈子林：《荷叶与绍兴黄酒》，《酿酒》2001年第3期。

⑫[宋]朱肱著，宋一明、李艳译注：《酒经译注》，上海古籍出版社，2010年。

⑬刘宗荣：《天津金墓鸡腿瓶内液体残留物研究——兼论金中都地区黄酒酿造工艺》，中国科学技术大学学位论文，2021年。

（作者单位：天津市文化遗产保护中心）